互联网思维

新商业模式与运营革命的行动指南

Social Networking for Business

Choosing the Right Tools and Resources to Fit Your Needs

[美] 罗恩·沙（Rawn Shah）著　钱峰 译

中国人民大学出版社

·北京·

献给我的儿子瑞安将身处其中的未来社交网络世界

编辑手记

互联网思维，成为 2014 年上半年的热词，但很快又冷了下来。以最具互联网思维标榜的几家企业红极一时之后，除了小米还是一面旗帜，大多偃旗息鼓。但是无论如何，互联网 web3.0（特别是无处不在的移动互联网），以及大数据、云计算还是改变了我们的生活，甚至改变了我们的思维。

音乐网站让你随时可以查到你想听的音乐、想了解的音乐人。无论是 20 世纪初的加拿大摇滚巨星 Neil Young，英国蓝调情圣 Rod Stewart，还是 300 年前的巴赫；或者，各国好声音的热门新人，以及经典名曲，都可以一一搜到。最关键是你搜过之后，它就会自动为你推荐相关的"相信你会喜欢"的音乐。为了写这篇编辑手记，在网上搜索"互联网思维"一词，百度百科不仅给出已有的解释，还邀请你参与修订补充这个词条。"知乎"则给出若干种答案，仿佛进入了一个由专家和屌丝共舞的研讨会，谁说的靠谱全凭读者自己选择。所以，不能不说互联网给我们带来了新的商业模式和运营革命。总结、反思，无论对传统产业还是新兴产业都有所裨益，至少你可以分清楚谁在忽悠。

本书作者是 IBM 软件集团社交网络软件实施组的优秀领导者，在他的领导下，全球各地 35 万名 IBM 员工密切合作，以互联网思维所带来的革命性方法，提升着社交网络软件的生产力。作为一家巨型跨国公司，创新无时无刻不困扰着它的领导者。向何处走？朝着哪个方向创新？在过去可能是战略规划部门、企业智库、外脑殚精竭虑的问题，现在则拥有了新的生力军。2006 年，IBM 的 Innovation Jam 在线活动吸引了 15 万名生意伙伴、员工和员工家人，他们共同关注在各个层面上的创新主题，上千名用户针对每一个主题进行头脑风暴、讨论、辩论，IBM由此构建了更加智能化的医疗支付系统、实时语言服务和3D互联网项目。正如作者所说：为创新而集思广益并不是一个新想法，但是IBM所采用的收集意见的方法在当时却是一种创新——公司负责创建一个广泛的网络，采纳不同的观点，在多种知识领域共同探讨，最终获得好的想法。而这一套东西，复制到公司以外，即形成了新的商业模式，带来了运营革命。

本书作者担任过网络工程师、系统程序员和网络项目经理，还是一位名副其实的企业家。他在这本书中不是讨论诸如用户至上等互联网思维的概念，而是给出了行动指南，如：怎样分享社交网络体验？在看似由乌合之众组成的社交网络环境中，如何形成有效的领导？如何巩固已经凸现的领导者的领导力？如何完成社交网络任务？如何找准受众？如何构建社交网络的文化？如何让每一个社交网络成员具有归属感和认同感？只有熟悉这个虚拟社会中的思维方式和规则，才能在新的商业模式中如鱼得水，在运营革命中立于不败之地。如果只学些皮毛，终将难以为继。

就在本书即将付梓之时，互联网金融无论对于传统金融机构，还是对于互联网大鳄都不再只是一个新鲜热词，而是一项实实在在的变革。互联网供应链为传统制造业和服务业带来的不仅是震荡，更是新的机遇。可汗学院、慕课（MOOC，Massive Open Online Course，即大规模网络开放课程）已经登陆中国，它们是否可以彻底改变优质教育资源的短缺和分布不均问题？是否会改变思想的禁锢和人为的愚化教育？所有这些领域的实践既体现了互联网思维，也在持续丰富着互联网思维。

狄更斯在《双城记》的开篇写道：这是一个最好的时代，这是一个最坏的时代；这是一个智慧的年代，这是一个愚蠢的年代；这是一个光明的季节，这是一个黑暗的季节；这是希望之春，这是失望之冬；人们面前应有尽有，人们面前一无所有；人们正踏上天堂之路，人们正走向地狱之门。

也许在互联网时代，这段话还有另一种解读，当你说这是一个最好的时代时，一定可以听到有人说这是一个最坏的时代，而多种声音、多种文化、多种信仰、多种商业模式的共存，最大限度地包容、宽容，实现共赢，才是互联网时代的时代精神！

致 谢

你会发现，从某种程度上说，几乎没有哪位作者不曾从他人处获得过启发或者印证过自己的想法，本书也不例外。我要感谢那些曾鼓励我参与各类活动的管理者和导师，也正是因为他们的鼓励，才有了如今这本书的面世。他们是：IBM 公司开发组成员 Greg Meyer，Laura Bennett，Tom Hartrick，Jim Coughlin，Scott Bosworth，Heather Huffman 和 Laura Cappelletti，以及社交网络软件实施组成员 Gina Poole 与 Wolfgang Kulhanek。

还有许多人对本书的出版有重要影响，他们是：Jeanne Murray，Younghee Overly，Luis Suarez，Joshua Scribner，Peter Kim，Branavan Ganesan，PK Sridhar，Jeanette Fuccella，Jennette Banks，Candace York，Anne Beville，Will Morrison，David Sink，Rand Ries，Rachel Happe，Michael Muller，Joan Dimicco，Kate Ehrlich，Aaron Kim，Pam Nesbitt，Hardik Dave，Randy Atkins，David Singer，Bob Pulver，John Rooney，David Millen，John 'Boz' Handy-Bosma，Bill Johnston，Mohan Tanniru，还有许多 IBM 全球社交软件大使社区（Social Software Ambassador Community）的朋友们，以及众多活跃于 Twitter 等社交媒体领域的有才华的人。

我还要感谢沃顿商学院出版社的团队成员对本书的大力支持，他们是：Tim Moore，Russ Hall，Gina Kanouse 和 Lori Lyons——没有他们，也就不会有本书的诞生。另外还要感谢 5505 号星巴克咖啡店里的那些善解人意的员工以及 Euclid，他们几乎天天与我见面，每天看着我静静地坐在同一个地方工作，三年来一直如此。最后，我还要感谢我的妻子和家人，感谢他们在我写作本书的过程中给予我的鼓励和支持。

作者简介

罗恩·沙是 IBM 软件集团社交网络软件实施组一名非常优秀的领导者，在他的带领下，全球各地超过 350 000 名 IBM 员工密切合作，不断提升自身在社交网络软件工作领域的生产力。他的工作涉及广泛调查社会计算技术、搜集最佳范例、测量社交网络软件的使用情况和性能（考虑到社交网络软件会影响生产效率），以及在实施、治理和运营等方面给出建议等。

罗恩·沙曾经担任 IBM 开发组项目经理，他带领的团队由运营和开发人员组成，工作范围覆盖了全球范围内数以千计的在线社区、博客、维基百科以及由 IBM 公司支持的社会计算环境。另外，他还领导创建了面向开发人员的空间软件工具，该多用户系统允许个人或团队将多种社交网络工具集中到自身关注的社交网络环境下。

作为一名热衷于软件的玩家，罗恩·沙自 1990 年便开始涉足在线游戏，并以游戏者与领导者的双重身份，同时主持大量多人游戏。可以说，罗恩·沙目睹了社交网络环境如何从刚开始的萌芽阶段发展到如今成为产值以十亿美元计的产业，以及社交群体、集体协作在一次次机遇中的变化。

罗恩·沙曾担任过网络工程师、系统程序员、网络项目经理、企业家、作家、科技文章写手以及编辑，其足迹遍布各类不同的商务环境：独资企业、小型初创企业和世界 500 强企业等。他曾撰写其他 6 本著作，其中最近的是《面向服务的体系结构指南》（*Service Oriented Architecture Compass*），该书已被翻译为 4 种不同的语言。他在各类技术期刊上发表过 300 多篇文章，内容涵盖了从软件开发到网络环境，再到消费类电子产品等在内的各个领域。

在业余时间，他同时学习和教授 ryuseiken battodo，帮助初高中和大学学生以及成年人培养注意力和身体灵活性。

目　录

第1章

步步提升的社会计算

决定向哪个方向集中创新，是一项极具挑战性的、永无止境的、艰苦的工作。大多数商业人士企图从产品和技术领先角度平衡当前的商业策略，这往往阻碍了人们对已有需求和机遇的关注。

在像 IBM 这样的大型跨国组织中，存在许多不同的产品生产线、不同的研究兴趣、不同的行业关注点，这使得面对以上问题的难度成倍增加。而 IBM 对此的回答非常简单：询问每一个人。2006年，IBM 的 InnovationJam 在线活动吸引了 15 万生意伙伴、员工甚至他们的家庭成员来关注一些高层次的创新主题。事实上，IBM 自2001 年就开始开展此项活动，但 2006 年是迄今为止规模最大的一次。上千名用户针对每一个主题，进行在线的头脑风暴、讨论以及辩论，旨在帮助人们保持健康、在更好的环境中工作以及提高金融和贸易服务水平。通过承诺为每个主题的新业务提供 1 亿美元的资金支持，IBM 构建了更加智能化的医疗支付系统、实时语言服务和3D 互联网项目。为创新措施和企业社会责任集思广益并不是一个新的想法，但是 IBM 所采用的收集方法在当时却是一种创新：公司负责创建一个广泛的网络，采纳不同观点，在多种知识领域共同探讨，最终获得最好的想法。

IBM 并不是唯一在复杂主观的商业问题上选择与不同用户组合作的公司。为了提供创新的客户支持，作为一家行业领先的无线电话和通信器材公司，威瑞森（Verizon）同样鼓励熟知技术的核心用

户不计成本地来回答他人的一些深层次的技术支持问题。① 公司充分
利用了一个普遍现象，即参与系统修补的用户都希望帮助其他人。
利用位于加利福尼亚州埃默里维尔的一家名为 Lithium Technologies
（锂技术）公司的专业知识，威瑞森很快懂得如何基于用户支持这一
核心的业务目标来构建它的社区。

作为一家著名的图书等其他产品的在线零售商，亚马逊（Ama-
zon. com）发现，通过号召许多个体的共同力量，能够实现更高的销
售量。通过买家评论、类似产品推荐和基于实际组合情况的产品分
类，亚马逊有着大量回头客。

可靠的经验是请公司员工来预测库存产品的未来价格。迪士尼
为 6 至 11 岁儿童专门设计了一个安全的在线企鹅俱乐部。一些工作
繁忙的高管，比如 Jonathan Schwartz（太阳微系统 CEO）、Bill
Marriott（万豪国际总裁及 CEO）、Bob Lutz（通用汽车副总裁）以
及 David W. Hill、Yao Ying Jia 和 Tomoyuki Takahashi（联想的设
计总监们②）等目前都会利用网上博客，同他们的消费者、股东及其
他产业观察家进行定期的交流。Chacha. com 为移动用户和在线用户
提供付费服务，用户可以询问任何问题，而 Chacha. com 负责将这些
问题提交到专家手上，并最终向用户反馈问题答案。目前，很多企
业都在积极研究如何利用包括 MySpace、Facebook、Second Life 和
Twitter 等在线网站来加强与用户的协作程度。其他公司则考虑帮助
他们的员工或商业伙伴发现技术资源，分享专业知识，甚至在公司

---

① Steve Lohr, "Customer Service? Ask a Volunteer", *New York Times* (online edi-
tion)，25 April 2009. 读者可以通过 www. nytimes. com/2009/04/26/business/26unbox.
html? _ r=2&ref=business 访问。

② Jonathan Schwartz 的博客网址为 http：//blogs. sun. com/jonathan/。Bob Lutz 的
博客网址为 http：//fastlane. gmblogs. com/。Bill Marriot 的博客网址为 www. blogs. mar-
riott. com/brands/。Hill，Yao 以及 Takahashi 等人关于联想公司设计事务的博客网址为
http：//lenovoblogs. com/designmatters/。Steve Hamm 所著《完美竞赛》（*The Race for
Perfect*）（New York：McGraw-Hill，2008）的主题就涉及联想团队关于 Thinkpad 笔记本
电脑的设计工作。

内部开发新的产品和项目。

　　从内部创新到客户支持，甚至到新业务的开发，对此公司都在寻找不同的方法，使不同群组的用户服务于解决公司业务问题这个共同目标。可能你只是用过这些工具，又或者其他人正在利用这些工具接近你。不管你是否喜欢，你都需要理解它们是如何工作的，它们如何影响着你的生意，甚至如何将它们转变为你的财务优势。然而，这些公司并非是通过传统意义上的任务分配、工作角色和团队项目等方式来"管理人们"。他们所使用的方法正在进入一个全新的、基于软件支持和群组支持的业务流程领域，即所谓的社会计算（Social Computing）。具体可以参见资料栏："社交网络、社交媒体和社会计算之间的区别"。

　　根据 IBM 商业价值研究院（IBM Institute for Business Value）的《2006 年全球 CEO 研究》[①]，所有的 CEO 都期望从以下三者处得到新想法和创意：生意伙伴、一般员工（而不是内部研发部门）以及客户；75％的 CEO 都认为，合作是影响创新的一项关键因素。一份来自麦肯锡的报告[②]将其描述如下：

　　"尽管合作是现代业务流程的核心，大多数的公司依然不知道如何管理它……他们都无法阐明那张看不见的巨大网络是如何帮助员工在不同职能部门、层级部门和业务单位之间完成任务的。"

　　通过为特定目标和方法而非大而无当的概念制定框架，社会计算能够帮助组织创新发展并进行创新指导。同时，社会计算也正在形成商业的一个基本面：人们通过交流和共同工作来产出结果。这会影响到业务和管理的诸多方面，包括团队和组织单位的结构、参与并影响业务决策进程的人、鼓励人们一起高效工作的商业环境。

----

①　*Global CEO Study 2006*，IBM Institute for Business Value（2006）. 读者可以通过 www-935. ibm. com/services/us/gbs/bus/html/bcs _ ceostudy2006. html 访问。

②　R. L. Cross, R. D. Martin and L. M. Weiss, "Mapping the Value of Employee Collaboration" *The Mckinsey Quarterly*，no. 3（2006）：29—41.

社交网络、社交媒体和社会计算之间的区别

通常来说，计算意味着利用一个已被定义的程序集来解决一个特定的问题。在社会计算中，人们通过检查、分析和解决问题从而成为整个计算系统的一部分。适合社会计算的问题一般都难以通过软件分析和公式计算来解决，它们往往需要创造性或联想思维、人们之间的关系和信任，以及主观知识。

由于它在某种意义上依赖于互相作用的用户群组，因此，它是社会性的。即便人们仅仅是为了与朋友保持联系或娱乐而选择互动，我们依然对如何将社会计算技术应用于能够解决问题的商业关系和商业互动中而饱含兴趣。

在社会计算中，软件主要负责支持人们互动的方式，并为人们共同解决定义模糊的问题提供步骤框架。软件可以帮助用户相互交流，追踪他们的互动关系，集体作出选择和决策，并从这些交互所产生的大量内容和消息中过滤出与业务相关的结果。并非所有的社交网络软件应用都支持所有类型的社会计算，软件也仅仅是其中的一个必要工具。社会计算同时还依赖于人为因素，比如人们如何完成任务、如何互动以及是什么鼓励他们参与其中。

社会计算加速了合作的关键业务要素。通过 IT 基础设施、广泛定义的用户体验和适应不同业务领域的任务，同时综合考虑参与互动与合作的用户所处的文化，社会计算实现了多种方式的合作。社交网络（Social networking）是一个比较流行的术语，指所有的社交网络软件工具，也特别指用户如何构建自己的关系网络以更好地探索他们的兴趣和同其他人的活动。社交网络和社会计算之间的区别会在接下来的章节中清晰界定。还有另一个比较流行的术语叫社交媒体（Social media），主要指在线内容，以及利用社交网络工具对这些内容进行创建、分享和重构。根据定义，所谓社交网络环境（Social environment），是指社会计算相关的用

户在其中互动的虚拟环境，它没有一个特定的形状或模式，我们可以将其想象成一个混杂着各种想法和互动等复杂配方的容器。成功的社会计算包括合适的成分和配方，以及获得所期待结果的技术前提。

这些变化要求重新思考组织中的人们是如何共同工作的，更为重要的是，更大的商业和用户趋势正在逐渐影响现代企业运作的本质，这反过来又会进一步加强将社会计算纳入业务管理过程之中的需要。

重塑我们的工作方式

日益增加的全球业务、用户在在线环境中所使用的各类工具，这两种主要趋势正在改变着我们的工作方式，并直接推动着各类组织在社交网络环境中探索和实施更多的社交互动和在线合作。

业务的扩张速度要求通过加速创新、新兴市场的探索和增加合作来实现具有灵活性的战略发展。为了保持同步，很多组织都将它们的战略 IT 资产投放于日益灵活、便携和由分布式劳动力提供的高速计算机网络上，从而使得它们能够同组织内部、合作伙伴和客户交流复杂信息。尽管用于支持交流的 e-mail 和 Web 访问技术在大多数组织中已经普及，公司用户仍在寻找能够更好地组织其企业数据、管理其业务关系、交流更详细的内容以及发现新的信息、客户和专业知识等的方式。对于拥有分布式劳动力的公司，单单追踪组织中的员工以及他们工作的时区，就已是一项非常消耗时间的任务。

另一个显著的趋势是，在线用户行为的改变。一大批在线活动活跃的年轻员工正在逐渐步入工作岗位，这很好地印证了这一变化。这些"数字土著"（digital natives）通过积极使用网上软件、访问 Web 网站、在互联网的虚拟世界中建立并发展关系，从而大大提高了整体网络意识。根据皮尤网络研究中心（Pew Internet）关于"美国生活项目"（American Life Project）的研究，年龄在 18 至 24 岁之间有 75％的成年人、年龄在 25 至 34 岁有 57％的成年人都在社交网络站点中拥有自己的基本介绍。[①] 其中，80％的人认为基于网络的工作很好地提高了他们的工作能力，73％的人表示基于网络的工作能够提高他们与同事分享想法的能力。[②]

这些数字土著使用计算机的方式越来越依赖于云计算技术（Cloud Computing）：一种新兴的 IT 系统，其中的数据和应用属于整个网络，而非任何单个的计算机或设备。在美国，69％的用户正逐渐转向基于 Web 的工具来管理他们的邮件、照片和文件。[③] 他们使用网络来调查有关产品、组织，甚至是指导他们决策的其他人的信息。这些信息还会随着他们工作的变动而作出相应的变动。他们的关注点已从"我的电脑上有什么？"变成"我能访问到什么信息？"

在一个充满计算机的世界中，从最大型公司的大规模超级计算机系统到基于互联网的家用电器，似乎人们正在逐渐找回之前被让渡给匿名设备和组织的一些力量。这个新秩序的工具是社会交互和合作，具有讽刺意味的是，它们还是依靠于那些曾经将我们封锁在固定的进程、分隔的信息和孤立的工作空间之中的计算机。

企业应该注意到，业务速度和在线用户行为的变化会在何处剧烈融合。员工、客户以及合作伙伴都在逐渐习惯于在线工作、彼此

---

① Amanda Lenhart，《成年人与社交网站》（*Adults and Social Network Websites*），皮尤网络和美国生活项目，2009 年 1 月。读者可以通过 www. pewinternet. org/～/media//Files/Reports/2009/PIP ＿ Adult ＿ social ＿ networking ＿ data ＿ memo ＿ FINAL. pdf. pdf 访问。

② Mary Madden 和 Sydney Jones，《网络工作者》（*Networked Workers*），皮尤网络和美国生活项目，2008 年 9 月。读者可以通过 www. pewinternet. org/～/media//Files/Reports/2008/PIP ＿ Networked ＿ Workers ＿ FINAL. pdf. pdf 访问。

③ John B Horrigan，《利用云计算应用和服务》（*Use of Cloud Computing Applications and services*），皮尤网络和美国生活项目，2008 年 9 月。读者可以通过 www. pewinternet. org/～/media//Files/Reports/2008/PIP ＿ Cloud. Memo. pdf. pdf 访问。

联系，并在远远超过电子邮件访问和 Web 网站的静态内容所提供的层次上实现共享。人们正在使用这些工具来实现多种方式的合作，而不仅是一对一的交流。他们正在通过更多的交流渠道，在公司内外部组织连线上发表自己的见解。他们试图克服组织孤岛（Organizational silos），使意见的分享和创新更加便利，并与其他员工建立更加紧密的关系。利用软件实现对这些设备的支持，社会计算正在重新构建组织决策的过程。

这种形式的合作也见证了员工在不同团队、部门、地域、时区和技能组合之间工作的新方法的出现。它能够在任何时间、任何地点发生，包括互相认识的成员之间的直接交互，贡献于同一群组的成员之间的间接交互，甚至也包括在一个分享环境下，人们在为自己的目标工作的同时，偶然为他人提供了一些有用的知识。这样的互动可以持续几分钟、几小时、几天或几周，甚至只要有需要就会一直持续存在着。合作可以将不同的技能和知识汇集到更多种排列形式上，它往往会超出所有成员的想象。

面对在整个企业或者超越整个企业（瞬间、短期或长期的项目）的如此复杂的网络，意味着要重新定义团队工作以及如何管理和领导团队工作。这些群体可能会涉及独立于组织结构的参与者（也可能完全处于组织之外），但是，他们能够贡献有助于事业目标的工作和信息。

同乔·R·卡岑巴赫（Jon R. Katzenbach）与道格拉斯·K·史密斯（Douglas K. Smith）在企业经典教材《团队的智慧》①中所描述的不同，他们并不遵循传统的高绩效团队与低绩效团队的行为模式，而是重新审视社交智慧的高绩效个人和群体基础所展现出的社

---

① J. Katzenbach and D. Smith, *The Wisdom of Teams* (New York: Harper Collins, 1993).

交智慧①，并试图找到包含所有智慧的最好方法②。同关注直接的人员管理不同，社会计算的核心在于，通过影响力和间接领导力获得最终结果。在这种模式下的工作，要求对社交网络环境和使用合适技术的背景有比较透彻的理解。

社会计算模式也引出了在网络时代进行商业活动的诸多新问题：社会计算模式能够用来解决哪些商业问题？它们是否能够为客户提供价值、创造新的机会和实现途径？这些变化是否要求新的商业模式，或者是否要求改变现有的商业模式？为了回答这些问题，我们需要明白，组织是如何应用这些社会计算模式的。

与商业进程和商业活动的整合

威瑞森的社会计算被应用到了客户支持的过程之中；亚马逊关注于销售额的增加；IBM 的 InnovationJam 将研究目标和公司的社会责任活动相互结合；百思买（BestBuy）的项目将市场咨询、库存管理和销售计划相结合。其他比如迪士尼和 Chacha.com 的社交网络环境，均为客户提供商业服务。

亚马逊的推荐系统和 IBM 的 InnovationJam 均属于整体商业过程的子步骤，分别对应于零售过程和创新过程。在其他的例子中，社会计算模式是并行于现有商业过程，或者用来支持现有商业过程的。比如，威瑞森在提供基于社区的方法的同时，依然提供正式的客户服务，而迪士尼和 Chacha.com 的社会计算活动覆盖所有业务领域，且包含许多内部进程。

社会计算模式似乎能够应用于任何地方，不论是单个业务还是不同行业，其循环模式可被视为所有社会计算模式和它们所支持的决策过程的集合。

---

① Daniel Goleman, *Social Intelligence*: *The New Science of Human Relationships* (New York: Bantam Books, July 2007). 读者可以通过 http://tinyurl.com/3pssto 访问。
② James Suroweicki, *The Wisdom of Crowds*（New York: Bandom House, 2004).

首先，我们必须承认，社会计算包含许多具体方法。每一种方法都试图让一群人集中于某一特定任务，但是，群体中人们的交互方式，以及获得结果的方法，均会随着任务的变化而变化。理解共享体验、领导模式和任务的正确组合，能够有助于为一个社会计算项目设置正确的环境，此环境能够阐明你们的组织以及潜在的参与者对这个社会计算项目的预期。从社交网络环境中获得结果，还要求理解社交群体的文化，并为群体成员参与并贡献于既定目标制定出一个计划。此外，你还需要描述这些社会计算活动如何传递和影响你们的业务进程。

小　结

不论大规模企业还是小规模企业，都在试图将他们的员工、客户和合作伙伴纳入到能够实现特定业务功能的共享、互联、合作的活动中。这样的社会计算模式可以分析复杂信息、支持决策过程，并逐渐替代单纯基于硬件的计算机手段。这些方法将一个多样群体的参与者都集中到一个特定任务上，从而充分利用了不同个体的体验、专业知识和主观分析。通过提供共同的努力和智慧以支持这些过程中潜在的决策步骤，社会计算模式能够应用于各种类型的商业领域和行业。

要想从社会计算中获得结果，并不仅仅意味着在网上将一群人集中在一起，尽管基于强大的技术支持，将人们集中到同一平台是相当容易的。最大的挑战在于，如何使一个多样化的群体为社会计算作出贡献。这就需要为社会计算活动创建一个可定义的环境，制定一个用于指导的可行计划，并建立一个能够衡量参与者和组织获益程度的框架。

第 2 章

分享社交网络体验

音乐网站 last. fm 利用一种能够实现创新客户价值的社交网络内容，从而提供了网络上的"无线电台"。每当一位听众选择或播放一首歌，last. fm 就会检测出对应的艺术家和歌曲，并以此作为未来推荐的基础。为了重塑传统电台的线性体验，网站利用收集来的用户偏好和共享来为听众自动选择下一首播放歌曲，为用户推荐类似的艺术家和乐队，从而提供更好的客户体验。[①] 这显然超越了传统音乐电台，在传统电台中，歌曲和歌手一般由 DJ 们结合他们个人的、专业的引导来替听众选择，而这往往是音乐推广人乐于向听众介绍的，也可能是由他们所在的公司提供的选择。C. K. 普拉哈拉德与 M. S. 克里斯南在《创新的新时代》[②] 中提出，支持用户自定义其体验的能力能够为客户创造机会，而企业恰好就是这种创新分享的组织者。

如果 last. fm 只使用听众自己的选择来提供推荐，那么它就丧失了社会计算的参与，而仅仅是一种个人体验。当 last. fm 开始关注用户中类似选择的形式时，向社交网络体验的转变也就出现了：为每位听众下一首歌曲的推荐，基于其他用户以往的选择。通过将所收集的社交信息应用于社会计算工具，来指导个人选择、帮助用户更容易地寻找到类似音乐，网站实现了用户体验的增值。由于为每个个体提供了定制化选择和社会引导性的推荐，last. fm 获得了比传统

[①] 网址为 http：//last. fm。尽管看起来不同寻常，该网址却是真实有效的，读者大可不必在其后添加 . com 或其他后缀。

[②] C. K. Prahalad and M. S. Krishnan, *The New Age of Innovation* （New York：McGraw-Hill，2008）.

的广播电台更多的优势。

在 last. fm 模式中，用户从大量的产品中作出选择，这些选择继而对用户自己或者其他用户的未来决策施加影响。其他的在线零售网站，比如亚马逊、提供电影租赁服务的网飞（Netflix）以及零售商 Target.com①，都是这种模式。这些网站通常需要一个结构性方法从一个社交群体中获得输入，最终将不同个体的选择集成为共有信息流的大规模合作体验。

随着更多的用户参与选择，他们的决定会不断贡献于人们对现有信息的选择，从而为每位用户提供更有用的信息。因此，随着参与者数目的增加，这样的服务实际上能够帮助进一步提高系统的有效性和价值。商家商业价值的提升也有望促进更多的购买。

用户可以从一个网站的其他用户那里获得输入，这是一种社交网络环境的标志。这种输入，又或是其他人的输出，不需要是直接的。在其到达另一个用户之前，可以经过过滤、转化或同其他信息的集成。在跟踪"类似选择"的过程中，这种社交价值依赖于多人信息的集成，以及间接成群的合作。与之相对，社交网络环境也可以不集成任何信息，只是共享其他人的独立的信息。

幻灯片分享（Slideshare）为用户提供了一个截然不同的在线服务，在他们的网站上，用户能够同其他人分享自己的幻灯片展示，这不仅是商业内部的普遍需要，还能够应用于公开场合和公开会议上的演讲。② 用户能够发表一份演示文稿，并标出他人能否下载该文件，或只能在线浏览；其他用户还可以阅读、评价和评论这份材料，并将其与别人分享。另一项附加的便利是，演示文稿能够在其他网

---

　　① 在亚马逊网站上，每项产品页面上均展示着一组其他客户曾经浏览或购买过的相关产品，以此促使客户考虑购买其他产品。Netflix 则基于用户偏好和其所来自的城市或地区等因素，向其展示各类受欢迎的电影。另外，Target.com 网站也会向客户展示其他人曾经浏览过的产品。

　　② 只要有兴趣加入和发布演示文稿，任何读者都可以访问 http：//slideshare. net 这个网址。

站上展示，从而进一步提高了材料的可见性。

不同于 last. fm，Slideshare 上的每一个内容项（幻灯片）都可以独立存在，幻灯片并不一定要集成起来才能为用户提供价值。用户可以根据自己的需要发表尽可能多的演示文稿，并可以在与别人分享的同时，依然关注自己感兴趣的内容。用户甚至不需要同 Slideshare 上的其他用户建立关系，依然能在分享中获得价值。因此，在与别人分享时，用户相当于指引他们的朋友或同事来体验一种社交网络体验，且以个人身份为核心，这种模式在互联网上数以百万计的独立作者的博客系统中也是十分常见的。[①] 每位博主都是基于设定或自身的兴趣来建立个人体验的。

一些社交网络环境帮助扩展了个人体验，从而加强了个人关系网络的关联。在这些环境中，每个人都提供能与别人分享的内容，但价值却来自于由网站环境所提供的关系网络。比如，人际关系网（LinkedIn）使得人们能够在线维护和管理他们的商业联系网络。[②] 在传统的联系列表中，你可能会将相关的内容存储在桌面 e-mail 软件（如微软的 Outlook）、在线 e-mail 服务（如谷歌的 gmail），或手机中，而在 LinkedIn 系统中，每个成员的关系网络都被集中到一起，从而帮助人们找到并创造新的联系。

用户要么表明他们是否愿意同别人分享联系信息，要么对想要建立联系的个人请求作出评估。特别是该方法有效利用了人们之间的联系路径，它使得请求者能够通过询问路径中相关的每个人是否愿意帮助他接近自己的目标，从而获得目标联系。这对于任何的工作角色都是十分有帮助的，尤其对于那些市场人员、业务发展经理和销售人员，他们每年都会会见或需要会见许多许多的人。由于所

---

① 博客的博主可以是单一的个体，也可以是一个群体（此时我们将其称为博客群）。不过，这属于两种不同的类型。在本章最后的资料栏"灵活的社交网络软件的麻烦"中，我们将介绍单一工具所带来的多重体验。

② 网址为 www. linkedin. com。任何人都可以创建一份个人简介，比如我的是www. linkedin. com/in/rawnshah。简介的创建者还可以自主决定是否将其与其他人一同分享。

有的信息都已经存储在 LinkedIn 上，因此省却了纸质的商业名片，甚至也不需要发送在线的联系信息文件了。

LinkedIn 拥有数百万的用户，但是每位用户只知道自己特定的联系网络，而并非所有人的。换言之，每位用户的社交网络体验都是基于自己的社交网络的。① 用户能够同自己网络内部的个体沟通，也可以同整个网络沟通。由于用户能够添加简历等专业领域的信息，因此，他们能够了解彼此更多的情况。Plaxo②、脸谱网（Facebook）③ 等公共社交网站也支持类似的理念，但它们同时能够让用户将其他人指定为家庭成员、朋友、工作联系人或其他关系，从而显示用户喜欢同他们交谈的程度。

LinkedIn 的价值在于整合许多关系网络，使用户能够发现和形成他们尚未拥有的新的关系。这种社交网络体验与个人体验有所区别，其中的沟通均只作为所在网络的内部成员的社会输出，并非对所有人都开放。当你只想与所在关系网络中的人进行谈话时，这种思路就显得十分有用。

不同于社交网络中的"个人核心"方法，人们在日常工作中经常以组为单位来实现共同的目标。这样的工作组可能会有一个领导者，但它一般不会以某一个人为中心。传统的观点是一个组织可以划分为具体的层级团队，设定一名经理，并且拥有来自不同团队和不同团队经理领导的成员的工作组。

IBM 的 Lotus Quickr 是一种允许工作组分享文件、协调日程、分配并追踪任务的社交网络工具。④ 该软件支持团队和工作组合作

---

① 人们还可以利用 LinkedIn 群组与他人进行互动，不过在本章的内容中，我们主要关注 LinkedIn 基本的社交网络体验。

② 读者可以通过 www.plaxo.com 访问 Plaxo。

③ Facebook 究竟属于个人体验还是社交网络体验？网站 www.facebook.com 能够做到兼而有之：用户可以限制其他人访问自己的主页，也可以有选择地将主页向其他人甚至任何人开放。为了强调建立人与人之间关系的作用，大多数人认为 Facebook 是一类社交网络。

④ IBM 的 Lotus Quickr 软件是 IBM 所提供的社会计算工具包的组成部分之一。读者可以通过 www-01.ibm.com/software/lotus/category/network/进行访问。

的经典模式就像一个共同集装箱，可以容纳成员联合努力所获得的所有产品。这些产品被存储在一个共同的内容库中，而非独立存储在每个成员的计算机上，这就能更便于小组成员理解并追踪这些共享活动。在一个封闭的工作组中，每个成员必须被邀请加入社交网络环境，且他所分享的内容对于整个小组而言通常是内部性的。

然而，一些工作组可能需要同其他人分享他们的工作，同时，还需要在这些信息后保有他们小组成员作为"团队"的核心性。为此，可以授予一些团队成员核心的工作组权利，如有权对内容进行创建、编辑和删除等，而其他人则只能阅读或评论。这一区别能够划分两类不同身份的人，即工作组成员和其他人，这两类人分别拥有各自的优势和结果。

在另一个在线电台潘多拉（Pandora.com）上，由一帮音乐专家组成的真人工作组负责音乐分类的工作（像 last.fm 做的那样）。尽管 Pandora 与 last.fm 都是以针对用户不同口味提供指导性选择为目标的在线电台，它们却是以各自不同的方式来达到这一目标的。Pandora 是"音乐基因工程"①（Music Genome Project）的一个扩展，是一种旨在根据区分音乐质量来对任何被记录的音乐进行分类的组织方法。举例来说，一首歌可能有某种特殊的抒情风格、和声、弹奏乐器以及流派。总之，以数百个这样的因素来描述任何一段音乐的"基因组"。Pandora 检索每位用户直接选择的艺术家和歌曲，并跟踪他们这些偏好的基因组因素的共性。用户也会被提供其他的选择，并要求给予评分，用以进一步衡量他们的选择偏好。

Pandora 的基本社交网络特点在于音乐专家群体的集体工作，他们通过一起工作来描述每一段音乐的质量。来自该核心群体的工作成果会

---

① 读者可以通过访问 www.pandora.com 享受潘多拉媒体的服务。此外，还可以通过访问 http：//en.wikipedia.org/wiki/Music_Genome_Project 了解更多维基百科上关于"音乐基因工程"的内容。

被引入到 Pandora 音乐的决策支持系统之中，并提供给所有的用户。①

无论是仅限于自有成员使用，还是对其他人也开放可见，在超过一个特定点之后，核心群体都会由于过于庞大而难以实现群体内部每个成员间的紧密合作。小团体紧密结合的体验由此失败，然而另一种形式的价值却得以从这种更大实体的共同体验中产生。

软件技术供应商 SAP 的"开发者网络"（Developer Network）为内部成员提供了一个能够针对他们所面对问题向其他成员寻求建议，或者就新功能或新产品收集有用信息的社区。② 诸如来自于 SAP 的复杂企业应用的本质在于，单个供应商是不可能描述出用户可能遇到的所有问题的。为了同组织中的其他系统和数据库相互整合，供应商自身的软件中往往存在太多的排列组合。大规模的供应商一般都有面临类似状况的诸多客户，而这些客户恰恰能够相互帮助。举例来说，在 SAP 的开发者网络中，任何人都可以对其他成员提出的问题进行指导，这样就能帮助减少寻求技术支撑的来电，也能够从客户互动中发现新的方法或实践。

一些人可能会觉得，不断变化的成员列表以及对于所有其他成员的不可知性是分享社交网络体验的一大风险。尽管成员的部分子集能够长期保持不变，这种开放端的可能也实现了社交网络体验的持续参与性，但这既是优势也是挑战。因此，参与一个社区不同于工作组中的交互，前者对于其他人具有更大的未知性（包括不了解他们的专业背景、技能、体验以及对于不同事件的观点和立场），更依赖于成员之间的弱关系。然而，这种更大范围的成员关系能够提供更多样的想法和观点。此外，在许多情况下，仅仅由于所涉及人员的数目，社区的方式就会优越于工作组的方式。

----

　　① 潘多拉还允许用户分享自己收藏的音乐，这表明其第二类社交网络体验：即个人社交网络体验模型，这类似于在 SlideShare 上分享各种报告资料。

　　② 任何读者都可以访问 SAP 的开发者网络（SDN），网址为 https://www.sdn.sap.com/irj/sdn，该网站为读者提供了许多社会计算服务。本书主要以在线社区这一服务为例。

至于像 last. fm 例子中显示的这种集体协作的间接性，当人们的身份和背景会影响决策时，社区的组织形式显得尤为必要。在 SAP 的开发者网络中，当你需要依赖其他成员的建议时，你所获得意见来自哪里，会对结果造成不同的影响。因此，了解其他人的经历、看到一些证实或从其他人那里获得参考意见，能够在一定程度上增强建议的有效性。正是由于身份和角色能够产生影响，在社区中，人们会比在集体协作中更直接地交互。一个人的身份和声誉以及他同其他请求者直接接触的渊源，能够提高社交网络环境的输出效果。同时避免了在工作组和社交网络中，一些人在公共社区中的交流不同于他们在直接接触中所给出的态度的弊端。一般而言，社交网络环境中的关系都较弱，所以需要更关注于寻找共性和共同的兴趣。因此，社区的话题和目的就成为社交网络体验的核心，社区中的成员一般会在既定的主题下追求多种可能的目标。

社交网络体验建模

之前的例子已经区别出一些不同类型社交网络工具中存在的一般性的社交网络体验模型（见表 2.1）。此外，还存在另外一种能够转变为社交网络性的体验类型（参见资料栏："非社交网络体验"）。

表 2.1   社交网络体验模型

社交网络 体验模型	案例	描述
个体	Slideshare，博客	每个成员都能够在平台上分享他们的想法和知识，并且这些内容对于域内的所有其他用户都是可见的。
社交网络	LinkedIn，Plaxo，Facebook	每个人都拥有一个由同其他用户的直接关系所构成的特定网络，通过这些关系，他们能够相互合作。如果想要同该网络外部的用户合作，那么使用者首先需要同这些人建立关系。

续前表

社交网络 体验模型	案例	描述
封闭式 群组	Lotus Quickr	一群经过挑选的成员在专用空间内相互合作以实现想法和交流体验。
可见式群组	Pandora 的 音乐基因工程	一群经过挑选的成员在专用空间内相互合作并贡献想法和体验，所不同的是，他们可以有选择性地允许其他用户访问他们的信息。
社区	SAP 的开发者网络	任何成员都可以加入社区，并在这个专用空间内贡献或阅读相关信息。在整个社区内存在许多交流小组，用户能够加入其中的任何一个。
集体协作	Last. fm 的"类似选择"，Amazon. com，Target. com	空间内的任何人都能够贡献和阅读信息，但成员本身并不一定要贡献信息。基于成员的个人信息集成一种社交网络体验，他们的输入会形成共同的结果。

　　这些社交网络体验模型并不只是它们所在社交网络环境的一个方面，同时也是社交网络环境传递价值的主要工具。以上模型都旨在为如何利用关系、或如何集中用户来处理某一任务等特定目标服务。它们也为社交网络环境中的参与者描述了不同角色，指明谁来提供输入，谁来控制工作的方向，谁来获得输出收益。

　　所有这些模型都拥有若干种角色，即访客、成员、领导者、拥有者和发起者。当试图区分社交网络环境中不同人群的能力和参与程度时，这些角色划分就能够派上用场。

非社交网络体验

　　除了表 2.1 中所列出的社交网络体验外，还有其他类型的数字体验。在 last. fm 的例子中可以看到，如果内容定制仅限于每个用户，而不涉及任何形式的分享，那么对于每个用户而言，就只能是个人的体验，而非社交网络的。认识到这种个人体验模型是十分重要的，因为尽管目前有许多 Web 网站都为用户提供定制化服务，但是它们都不是社交网络的。但这些个人体验网站却能够作为社会计算项目的一个起点。由 last.fm 的例子可以看出，当个人用户选择了共享信息时，它就可以成为伴随其他用户的集体输入，此时，个人体验网站就能够转变为社交网络性的网站。高端时尚零售商 Coach 提供了一家专业的在线商店①，任何人都可以浏览或购买其产品。然而，它仅仅提供了一种个人购物体验，其中不涉及其他买家的购买偏好及其原因等输入，因此，该网站是完全个人体验性的，而非社交网络体验性的。

访客经常到社交网络环境中进行调查和参与，而并不公布他们自己的身份。根据被授予的访问权限，访客通常只可以阅读基本信息。当访客建立自己的身份时，比如在社交网络环境中创建一个账号，他们就成为了可识别的成员。当然，并不是所有的社交网络体验模型都需要一个身份来进行活动，在这种情况下，成员基本上和访客是等同的。然而，身份的共享能够在社交网络环境里培养一种长期的兴趣，并能够将成员区别于他可以建立关系的其他成员。

所有的社交网络体验都会有一个领导者，作为社交群体中的直接影响者或间接影响者。社交群体的所有者能够控制整个环境的支持软件。这意味着，如果需要的话，他们能够管理内容或成员关系。正是由于这一层次的控制，所有者们能够为社交网络环境中所有的其他成员提供指导性选择和决策。（我们将在第 3 章"社交网络环境中的领导力"中具体讨论领导力的话题。）

这些好处得益于环境中的活动，这些活动则依赖于各种角色的共同工作。成功的社交网络环境关注于以一种平衡的方式为所有的角色赋予合适的价值（见表 2.2）。一方面，如果只为成员提供价值而不向领导者或发起者进行回馈，就会导致环境中领导力或支持的缺乏。另一方面，如果只注重向发起者提供价值而忽略了成员的福利，那么也会导致社区

---

① 读者可以通过 www. coach. com 访问 Coach 的在线商店。

参与度和效果欠佳。类似的，过分关注于领袖地位的建立而无视成员的福利，那么整个环境将会变得失去价值。正如杂技表演者在棍上旋转许多盘子那样，社交网络环境的平衡并不是试图让某个盘子转得比其他盘子更快，而在于对它们中的每一个给予相同的注意力。

表 2.2　　　　　　　所有者、成员和主办者价值体验的来源

	所有者或领导者如何获益	访客或成员如何获益	发起人或主办者组织如何获益
个人	通过提供给他们的内容的价值	不适用	通过提供给用户内容的"自上而下"式分布
社交网络	通过与其他人接触和建立联系	通过对所有者所提供的专业知识和关系网络的评价	通过实现成员间的关系建立，进一步强化个体开发和知识共享
个体	通过显示他们的个人专业知识、兴趣和行动来吸引其他人，并同其他人建立关系网络	源于所有者提供的内容的价值，随后依靠长期关系的价值	通过为个体提供构建自身技能和专业知识的机会，并帮助识别那些同他人建立良好联系的未来领袖
封闭式群组	通过邀请一群人来集中关注某一活动或话题，并在成员间建立强关系	通过共享群组工作成果和组内关系	通过关注群组成员在某一特定领域的能力和经验，并加深成员间的直接关系
可见式群组	通过邀请一群人来集中关注某一活动或话题，与群组成员建立强关系，并向更广泛的人群显示他们的工作成果	通过群组内的共享工作成果和关系，并向更广泛的人群显示他们的共同工作成果	通过关注群组成员在某一特定领域的能力和经验，加深成员间的直接关系，并同其他人建立可扩展的关系
社区	通过引进多样的观点和新的机会和关系	通过集成分析得到的内容价值，以及从其他成员处获得的帮助	通过为成员创建一种开放的邀请，以帮助他们围绕某一话题或兴趣进行自我组织和商议
集体协作	同发起人相同	通过集成分析得到的内容价值	通过将一群人集中到一起，以对特定活动达成共识

复杂世界的不同体验

社交网络环境其实比本章开始给出的各类例子复杂很多，许多社交网络环境都需要执行多个体验模型，组合构成环境中的不同部分。这使得环境可以根据个人用户要求的特定体验完成不同任务。比如亚马逊的在线商店为用户提供了"plog"（产品博客，product blog）的个人体验，用户可以在上面写关于他们产品的信息以及他们正在做些什么。作为一个公司，亚马逊还提供了一系列完全独立于其零售商店的商业服务——亚马逊 Web 服务。在这里，其他工具能够帮助执行社交网络体验，具体内容可见我们在第 4 章"社交网络任务：合作理念"和第 5 章"社交网络任务：创建和管理信息"的介绍。

其他的社交网络软件使创建和维护社交网络环境变得格外复杂，这是因为依赖于各自的配置，环境本身就能够支持各种体验。举例来说，IBM 内部存在着为不同个体、群组、团队或项目所提供的数千条维基条目。根据所有者的需要，每一条维基条目都能执行个体的、封闭式群组的、可见式群组的、社区的、甚至是集体协作的体验。然而，正如你会在"灵活的社交网络软件的麻烦"资料栏中看到的，在不定义环境目标的前提下选择社交网络软件应用，会引起各种麻烦。

灵活的社交网络软件的麻烦

一些社交网络软件工具的灵活本质也可能违背社交网络环境预期的用处或目标。当软件支持多种只在配置方面有所区别的社交网络体验模型时，社交网络软件可能就会使用户感到疑惑。举例来说，维基百科（允许任何人贡献和修改内容的网页）是一款非常通用的社交网络软件工具，它支持一个或多个用户以协作方式在网页上编辑文档。这也会造成一定的混乱，因为同一个 wiki 软件能够以多种方式进行配置，每种方式都能使用不同的社交网络体验模型。

● 我将 wiki 作为一种在线文字处理软件，来帮助创建和保存只有我才能阅读的文档。这完全属于一种个人的非社交网络的体验。

● 我将 wiki 作为自己创建和管理内容的工具，但是我也允许在自己个人关系网络中的某些人来阅读这些内容。这属于一种社交网络体验。

● 只有我能够编辑信息，但这些信息能够被我所在公司的每个人所分享，这样我就能获得他们对于我的想法的反馈。这属于一种个体体验。

● 我邀请并限制核心固定成员的参与，使他们能够贡献或阅读相关信息。这属于一种封闭式群组体验。

● 我邀请一批核心固定的贡献者团队，但我允许任何人阅读其中的信息。这属于一种可见式群组体验。

● 我将 wiki 开放给任何人，他们在任何时候都能够阅读或贡献信息。这属于一种社区体验或集体协作体验。

Wiki 是一个如此多样的概念，它几乎覆盖了所有的可能性。当进入没有定义其特定模型和意图的 wiki 环境时，用户很容易就会误解它的模型和意图，继而造成各种困扰，并进一步影响成员的参与热情。

小　结

社交网络合作出现在共享社交网络体验的多种环境中，每种类型的体验都为其中的社交网络环境所有者、成员或主办者提供了各自的价值，你可以以不同的方式应用每种体验。这些社交网络体验的一般模型拥有一系列初始类型，包括社交网络、个人或个体、封闭式群组、可见式群组、社区或集体协作。此外，作为以上模型的先导，非社交网络个体体验模型在许多 Web 网站中都十分普遍。

利用这些社交网络体验模型，我们能够更好地理解环境中的角色以及人们间关系的目的、他们一起工作的活动和文化以及这些环境内所需要的领导力。对于社交网络体验模型的选择，也依赖于置于参与者面前的社会计算任务的其他因素，其中之一就是如何引导成员服务于任务的领导力一般模型。在接下来的章节中，我们会进一步讨论领导力模型。

第 3 章

社交网络环境中的领导力

吉米·威尔士（Jimmy Wales）因创立最大的在线免费百科全书——维基百科而闻名世界。但是他在维基百科之前创立的新百科（Nupedia）项目却鲜为人知，虽然 Nupedia 同样以在网络上提供免费的百科全书为目标。维基百科取得的成功显而易见，它拥有数百万的使用者和条目，支持包括越南语、阿拉伯语、俄语等 55 种语言——所有的条目均由网络志愿者编写提交。维基百科的成功甚至迫使微软关闭了旗下的电子百科全书 MSN Encarta，它是维基百科一个强劲的商业竞争对手。[①] Nupedia 项目仅仅维持了三年时间，在停止运营时该网站仅发布了 24 篇文章，另有 74 篇尚在审定中。[②] 相比之下，维基百科在同一时间内已经达到了 20 万个条目。[③]

为什么同样的领导者创立的两个网络百科全书网站得到了如此不同的结果？原因主要在于系统审定并发布文章的规则，以及这些规则的制定者。Nupedia 模式在审阅学术文章时遵循传统的同行评审（peer-review）方式，即由百科全书出版商进行编辑修改，该模式忠实地采用了沿用了一个多世纪的评审方法——只不过评审过程改在网络上进行。维基百科尝试了不同的方法：让任何人都能发布

① MSN Encarta，"重要通知：MSN 将停止提供服务"，读者可以通过访问 http：// encarta. msn. com/guide _ page _ FAQ/FAQ. html 了解更多内容。

② 维基百科，"新百科"，读者可以通过访问 http：//en. wikipedia. org/wiki/Nupedia 上公布的 2009 年 5 月 1 日的内容进行了解。

③ 维基百科，"维基百科：统计"，读者可以通过访问 http：//en. wikipedia. org/wiki/Wikipedia：Statistics 上公布的 2009 年 5 月 1 日的内容进行了解。

文章——为足够多的人提供机会参与到条目的创建过程中，由此生成"最优"的解释条目。条目内容的质量控制变成了一个动态的过程，维基百科没有对评审次数、修改范围以及其他因素设定任何限制，无论是谁，只要对条目感兴趣都可以对原有条目进行编辑或修改。这种改变网页内容和网站用法的定义模式——允许任何人充当编辑和领导者的领导力模型（leadership model）——推动了维基百科的巨大胜利。

当然，并非所有的人都在维基百科上发布文章。很多人更愿意选择独立的平台来发表观点。互联网上数百万的博客证明了人们仍然希望独立地发出自己的声音，并且主导自己的对话。在维基百科中，众多的作者将自己的观点统一为一套集中的条目结果。与之不同的是，在个人博客中任何人都可以独立地发表意见。维基百科本身就是一个巨大的社交网络环境，所有人都需要遵守共同的规则。博客的成功之处在于博主拥有领导权，他可以自主规定发表的内容和发言者。由此可见，个人博客和维基百科的领导模式是完全不同的。

如何比较这两种社交网络环境与企业及其他组织中的领导模式呢？首先，博客和维基百科强调个人角色——他们的雄心、偏好、竞争意识、交互行为、个体特征、兴趣爱好和个人目标。相反，大多数的组织仍然试图通过集权的层级组织结构进行管理，在"古代帝国"的氛围中不断"锤炼"。这种命令导向型的组织结构强调，用可预测和标准化的过程来管理操作环境，却不强调个体表达和指导。

不论是自发性组织，还是自主领导的独立实体，都需要管理社交网络环境。维基百科就由自身的基金会管理。相反，很多企业员工在公司或者自己的网站上创建博客，但是这并不意味着他们是老板的"代言人"。他们管理博客的方式与老板们管理企业的风格毫不相干。

当然这并不排除社交网络环境中存在集权式领导模式的可能性，而是指组织出资方不应当在社交网络中拥有权力。这样一来，社交

网络环境的所有者能够根据自身需要，选择关于决策及运营信息的
透明度（见资料栏"社交网络环境和组织中的透明度"）。

社交网络环境和组织中的透明度

透明度是一个战略优势吗？让我们考虑这样一个事实：为了
争取到更多的已有用户和潜在用户，各类社交网站展开了激烈的
竞争。一个信息透明度更高的社交网络环境，能够使浏览者更早
地确定该网站是否符合自身兴趣。与其他严格控制信息公开的组
织相比，作为吸引更多用户的战略，透明度高的组织较其他限制
信息公开的组织更具优势。

选择一种领导模式，并不意味着必须放弃透明度，或者"净
化"社交网络环境的工作方式、议题甚至战略。以小组目标和文
化价值的不同来区分，透明度为组织增加了一种维度，使成员能
够评估和分析社交网络环境的运作方式和领导方式（见第 7 章
"构建社交网络文化"）。透明度越高，成员越容易确定组织的决策
和方向是否符合他们的期望以及共享的文化价值观。然而，通常
每个人对文化价值观的理解各不相同，有时即便领导者认为采取
的行动符合团队价值观，其成员也可能并不这样认为。因此透明
度也会导致不和谐和分歧。

创造一个自主的、独立于出资方的透明社交网络环境，对企
业来说就是一种战略——创造一个更公开分享的有限场所，特别
是对于那些需要保持不透明的企业。

社交网络环境治理与领导模式

任何单个公司的治理或者领导模式的覆盖范围都无法与互联网
相比。在互联网或企业内网等大型网络中，每个社交网络就是一类
微观世界，有属于自身的群体、活动、目标和方向。因此，社交网

络环境的领导控制模式也是多种多样的，可以高度集权，也可以完全分散化。

社交网络环境中的领导模式和治理不一定是被正式地引入或建立的。通常情况下，它们是由于人们在某个社交群体中共同工作而自发产生的。随着人数的不断增加，团队成员开始做出新的尝试，并寻求与之相应的、新的领导治理模式。在尝试的过程中，他们针对领导模式、可接受的行为，以及社交群体的发展方向提出基本性的原则。这就形成了一种引导成员的治理形式——无论是正式的还是非正式的。

对于每一种领导模式，不论其是制定于社交群体形成之初，还是作为社交群体形成后自发产生的结果，都为企业治理机制提供了某种优势，或设立了限制或倾向。因此，理解不同的领导模式非常重要。

领导模式包括以下一些含义：

● 如何选择领导者？模式强调谁能够带领某个社交群体？关注什么样的领导权利的性质和表达方式？如何选择符合要求的领导者？谁有资格成为候选者？

● 人们如何参与？由谁决定和选择有资格参与的人和参与的形式？是不是所有的人都能平等地参与，还是不同层次的人会被区别对待？

● 如何设立目标和方向？谁确定群体的目标、任务和未来方向？谁可以改变它们？非领导员工如何对社交群体的方向产生影响？

以上问题关注于企业的权力问题——谁来领导一个社交群体。尽管建立权力的步骤千差万别，但都是在一些典型的领导模式基础上发展而来的。这些领导模式依赖于企业治理的程序和方针，该话题将在第9章"在线社区与社交网络体验管理"中进行讨论。这些治理程序和方针涉及日常社交群体和环境中五花八门的各种问题，包括技术层面（比如成员资格和访问控制管理、编辑或删除信息等），以及人际层面（比如定义可接受的行为、仲裁争议和辩论、激励参与、培训员工、文化价值沟通等）。

选择好领导模式之后，根据领导模式确定治理流程和方针就会变得更加容易。领导模式、治理流程和方针都会对成员的参与造成影响。但是相对于改变领导模式，改变治理流程和方针更为容易。在现实世界中，后者就像修改国家法规，而前者则类似于将一个民主国家转变为君主立宪制。

领导模式类型

表 3.1 列出了企业内部和互联网中存在的各种领导模式。这些领导模式本身独立于社交软件工具和产品，可以自由选择使用哪些工具和软件。每一种模式都是一种选择，企业可以根据自身情况，决定是否采用社交软件与成员分享企业的控制、领导、参与和未来方向。

接下来我们将讨论几种领导模式，包括集权式（centralized）〔与输入集权式（centralized-with-input）稍有不同〕、委托式（delegated）、代表式（representative）、海星式（starfish）和蚁群式（swarm）。在介绍完这几种领导模式后，我们将讨论它们如何与社交网络体验模型结合起来。

表 3.1　　　　　　　　　　　社交网络治理模式

类型	选择领导者	参与度	方向	社交网络环境案例
集权式	由发起人确定，领导权可以转移到他们选择的任何人	领导者对社交网络环境中的内容有完全控制权——这并不是一种真正的社交网络环境	完全被领导者控制	带有个人色彩的传统网站
输入集权式	由发起人确定，领导权可以转移到人们选择的任何人	领导者对内容有主要或者完全控制权，但是允许使用者添加二次输入内容，比如反馈或者评论	完全被领导者控制	标准的个人或小组博客，或者是仅由核心团队编辑的维基条目

续前表

类型	选择领导者	参与度	方向	社交网络环境案例
委托式	由发起人确定，领导权可以转移到人们选择的任何人	领导者享有控制权，允许他人输入内容，但是领导者有权控制或编辑这些内容	领导者拥有主要控制权	Ning.com、厂商支持的论坛、或维基百科中的单一社区、或企业工作小组
代表式	成员选举领导者。领导者可推举他人，但未经选举不可指定他人	所有成员平等参与，但是领导者可能拥有额外的管理控制权	领导者与成员享有同等的控制权	大型行业中的标准工作小组，比如互联网工程任务组（IETF）和万维网（WWW）联盟
海星式	领导者完全从成员中自发产生	每个人都有相同的基础和能力，但是成员遵守同一原则、规定或观念	领导者没有控制权，或者控制范围很小	维基百科允许任何人输入或编辑，但是需按格式组织内容、作业成本计算
蚁群式	不存在明确的领导者，领导力仅仅基于影响力	任何人均可提供内容输入，可能按规定的唯一格式输入，也可能不规定格式要求	任何个人都没有主导控制权，方向由群体共同影响决定	Digg.com 可以让任何人对新闻投票，形成社交群体新闻排行榜

集权式

集权式接近于传统的自上而下的企业管理方法。在该模式中，社交网络环境的所有者的目标是收集信息并且将其分享，但是在特定的社交网络环境中，他们倾向于对企业的贡献、目标和方向保有控制权。所有者让访客直接对社交网络环境发送反馈，然而是否将这些反馈内容公开却由所有者决定。这对一些传统网站来讲非常普遍，它们的注意力在于向受众传递企业信息，比如新闻或杂志出版机构、在线零售网站、公司信息网站等。

当集权式的社交网络环境中引入交互作用时，输入集权式就会出现。此时社交网络环境中的主要内容仍然由所有者提供，但是略有不同之处在于，其他用户能以评论、标注、注解等其他反馈形式进行可视化的二次输入，从而贡献自己的观点及想法。这点差异非常重要，因为即使社交网络环境主要被所有者控制，社交群体仍然有机会展开基本的交流互动。

同样以传统网站为例（出版社、零售网站、公司网站），这些网站已经实现了上述的公开反馈。比如 CNN 和《商业周刊》的主网站用户可以评论和投票，但是未经网站同意不得发表原创性内容。在第 2 章"分享社交网络体验"中提到的 LinkedIn 网站，就允许用户直接管理自己的档案资料和联系网络。尽管每个网络的成员数量庞大，但谁能够进入网站内部却由网站所有者决定。

这种修改后的集权模式的好处在于，非核心团体成员相互之间可以整合和交换观点，另外也将网站所有者和其他社交网络群组成员的贡献区分开来。该模型的唯一缺点是，每个人的地位并不平等，事实上，网站所有者的想法仍然处于领导地位。

大多数组织仍然认为，在初步涉足社会计算时，引入集权模式是一个"安全"的选择。组织通常信任社交网络环境的领导者，而提倡二次输入则鼓励社交网络群组成员分享各自的想法。

考虑到许多个人博客都倾向于采用这种输入集权模式，足以证明该模型并不是一种非主流模式。博主负责发表大部分的内容，而其他人只能对这些内容进行评论。发表评论的人有可能对博主或者其他读者的决定造成影响，但最终也只能听从博主的意愿。

委托式

在委托式模型中，社交网络的交互程度加深，它能使非网站所有者提供自己的"一手"输入信息，协助执行工作，或引导网站方向。网站所有者仍然参与其中，但在下属的协助下共同进行。形成委托式的组织，可能不同于那些由所有者经营的社交网络环境。

　　在委托的继任问题上，企业所有者会根据其他代表们的推荐确定人选更替。比如，如果代表们代表各自的团队，空缺的代表人可能由来自同一团队的其他成员担任。或者，企业所有者会独立地选择一位新代表。

　　一种典型的委托模式是在小组博客中，每个博主自主发布内容。比如 BoingBoing. Net[①] 网站提供互联网文化方面的新闻和评论，并将一些关键代表作为合编者：马克·弗劳费尔德（Mark Fraun-felder），柯瑞·多克托罗（Cory Doctorow），大卫·柏斯柯维奇（David Pescovitz），伊克赛尼·查顿（Xeni Jardin）和约翰·释特勒（John Battelle）。克里斯·安德森在《长尾理论》[②] 一书中描述了这种小组博客如何与《华尔街日报》等新闻巨头争夺读者。有时 BoingBoing 的博主们也会邀请嘉宾参与进来并发表内容。但不是所有的小组博客都遵循委托领导模式。比如 PostSecret[③]，一个在线评论小组的博客，允许任何人匿名地发表内容，看起来更像蚁群式领导模式。

　　由企业支持的论坛讨论区也可能存在委托式。在该类社区中，主办方指定一名或多名员工来领导该社交网络环境。然后再由这些员工邀请指定的成员参与并成为团队代表。例如科学期刊《科学美国人》提供了"询问专家"专栏[④]，用户可以提出任何关于科学方面的问题。所有其他的用户投票选出提交问题的顺序，随后编辑团队找到该领域专家或现有文章来解答问题。从本质上来说，这些代表负有报导科学话题的职责。

---

　　① 读者可以通过访问 www. boingboing. net 阅读各类博客内容。

　　② Chris Anderson，*The Long Tail*：*Why the Future of Business is Selling Less of More*（New York：Hyperion，2006）。

　　③ PostSecret 社交媒体项目公布于 www. postsecret. com 网站。

　　④ 在《科学美国人》（*Scientific American*）杂志网站 www. sciam. com/askexpert_directory. cfm 上有"询问专家"专栏。

代表式

代表式是指成员选举一组领导者来代表自己在社交网络群组中的广泛利益。选举领导者的过程可能严格也可能松散，但它与委托式和集权式有所区别。选举过程一般非常民主，不仅向所有的成员公开，并且由部分或者所有的成员投票产生。被选举的领导者负责社交网络环境中的各项决策。

在该模式中，大多数成员可以平等地参与并且发表意见，但是他们授予了领导者这样的权力——提出关注焦点和发展方向。通常成员不必一味赞同领导者的选择和方向：如果遭到强烈反对的人（并且未成为领导者）获得足够多的支持，就可能变成潜在的影响者，或者将自己的小组从团体中独立出来。领导者不能按自己的意愿选择接任的领导人；未来的领导人必须由普通成员选举产生。

拥有 125 年历史的专业技术组织美国电气与电子工程协会（IEEE，最初是电气与电子工程协会的首字母缩写，如今还涉及许多其他的技术学科），在世界范围内线上线下的分支分会成员达到375 000 名。[①] IEEE 支持的研讨会和在线社区就是代表式的典型——研讨会的领导者来自协会的各个分会和小组。协会中的任何人都可以自愿参加并且最终逐步成长为领导者。

海星式

海星式的命名来源于《海星和蜘蛛》[②] 书中定义的一种去中心化结构。海星式以及之后的蚁群式都基于无领导的组织，不存在核心小组确定总体的社交网络体系结构。从本质上来说，海星式和蚁群式接近于"民主"的思想，每个成员对于每件事都有平等的发言权。"民主"思想并非小型团体的特例，拥有许多子团体、分会、地区或

---

① 关于 IEEE 的内容参见 www.ieee.org/web/aboutus/home/index.html。

② O. Brafman and R. A. Beckstrom, *The Starfish and the Spider* (New York: Portfolio Press, 2006).

局部附属机构的大型机构中同样存在"民主"思想。在非网络世界，民主思想有时会导致成员在制定决议过程中过度谨慎，这不是不可能发生的。《海星和蜘蛛》一书中给出了一个例子——嗜酒者互诚协会，该协会的范围覆盖北美和其他国家，是一个成员超过 200 万、类似于海星式的无领导组织。

海星式的核心思想在于：尽管是一种分散化结构，但是成员完全自愿遵守组织的一系列规则、理念和流程。海星式更适用于小组情境，而非个人。通常所有的成员都是平等的：团队制定的规则仅仅是为了促进成员间的交流互动，而不是为了严格地控制团队的领导权。

Apache 和 Mozilla 等开放源码的应用发展项目在成立之初，大体上采用海星式。Apache 基金会的命名最初来自 Apache Web 服务器，该服务器是目前最流行的跨平台 Web 服务器端软件应用。Apache 基金会已经扩张性地支持了很多其他的项目，这些项目都是典型的海星式。

尽管海星治理模式是分散化的，但仍然需要依靠成员间的直接交流互动达成共识。接下来就来介绍一种将大部分成员的意见极度整合的领导模式。

蚁群式

在蚁群式中，几乎不存在共同的准则、理念，以及将人们集合在一起的流程。除了最高目标，蚁群式中的成员均可实施共同的结构化行为，比如投票、等级评定、提交信息。蚁群式最接近于"完全的民主制"，不断地转换关注点给组织带来的是好处还是损失，这因人而异。因为具有"即时性"和"跨群体"的民主特色，蚁群式更擅长于识别社交小组中的趋势行为。

在自然界中，蚁群式由动物的本能产生：一群蚂蚁的觅食行为看上去混乱无序，但看似"疯狂"的行为仍然有章可循。举个例子，当蚁群需要更多的食物时候，在蚁冢之外觅食的重任会随机地分配到一部分蚂蚁头上。这些蚂蚁按自己的方向外出寻找食物，并在沿途留下化学信息素信号。有些蚂蚁会循着该路线前行，也有些蚂蚁选择其他方向觅食。当一只蚂蚁带着食物返回的时候，会在路上留下不同的信息；其他发现信息的蚂蚁就开始沿着路径去发现食物的地方，最终它们发出总信号，表示"这条路上有食物"。刚开始的食物路线可能迂回曲折，但是随着之后的蚂蚁不断发现更短的路线，它们会将路线信息综合，产生更强的路线信息，使其他蚂蚁能够跟上。最后，剩下的蚂蚁选择最短的路线去搬运食物。①

关于人类并不像蚂蚁的争论并不重要。在团队中每个人采取个体行为，团队基本上是靠大部分人一致同意的行为"组织"起来，并制定社交网络体系的总体行动和方向的。这使得所有成员的行为向一种单一的主要行为方式靠拢，但是朝不同方法发散开去，或者围绕该主要行为方式展开。

作为一种战略，蚁群式的实施非常简单，它不需要总体的协调、繁琐的决策或指导过程——这些程序都不需要。也许蚁群式看起来非常混乱且难以把握，但是在混乱之中却存在"自我组织"（self-organization）。由于模式简单、不需要强有力的监管，这种模式拥有很多的需求市场。然而，为了使团体行为具有凝聚力，蚁群式还要采取一些共同的行动措施。

有些类型的社交网络软件强调蚁群式应用。比如，社交网络标签法［social tagging，或叫分众分类法（folksonomy）］能够使用户自己选择一个站点，并单独与其联系；但是总体系统会将用户的条

---

① Eric Bonabeau and Guy Theraulaz，"Swarm Smarts"，*Scientific American* online（March 2000）. 读者可以通过 www. sciamdigital. com/index. cfm? fa = Products. ViewIssuePreview&ARTICLEID ＿ CHAR ＝ AB97C110 － 6A49 － 42A2 － 90F8 － ED14E26FFDB访问。需要指出的是，文章中提及的行为在蚁群中并不普遍存在。一些蚂蚁也通过其他方法来寻找路径。相关研究比如 Nigel Franks and Tom Richardson，"Teaching in Tandem-Running Ants，" *Nature* vol. 439（12 January 2006）：p153。读者也可以通过 http：//www. nature. com/nature/journal/v439/n7073/full/439153a. html访问。

目标签进行整合，并将所有的站点综合起来。因此，个体用户的蚁群行为由自身因素驱动，并帮助组织产生总体决策。

在社交网络管理方面，蚁群式与影响力紧密相关——可能来自参与者，也可能来自观点本身的力量或重要性。比如，在线新闻网站 Digg.com 中，任何人都可以对某个特别的新闻条目进行投票，筛选出最重要的新闻。然而杰出的"新闻挖掘者"（diggers）非常清楚，一些成员可以对其他人造成影响，使他们将手中的票投给自己的新闻，从而扩大新闻的影响力。

蚁群式的优势在于灵活性和适应性——它通常跟随参与成员的意见。对于一些客观选择，蚁群式可能要确定哪些人的想法和考虑最具意义。该模式也存在缺陷：即为了将少数具有号召力的大人物的影响力降到最低，组织或网站需要大量的参与者。此外，相比主观性的观点，蚁群式更容易采用客观的观点。当成员考虑的行动或观点的主观性越强，蚁群式就越不可能产生最终的结果。

选择领导模式

选择一种领导模式可能导致四种情况的产生：正式定义型的模式；非正式的、松散描述的模式；实际的状态；不确定的状态。也许你会假定不选择任何一种领导模式便会自动地达到"实际的状态"——如同其他行业普遍存在的那样。然而，当存在多种可能性的时候，事实会让人非常困惑。

举个例子，一个人为了分享和传递自己的想法而建立博客，通常他们认为只有自己、或者自己挑选的人才能够在博客上发表观点，从而默认自己是博客的"最高领袖"。但是，由于一些社交网络工具允许其他多种可能性的存在，所以不选择领导人就相当于使领导模式处于"不确定的状态"。

正如第 2 章提到的一样，维基百科采用一种小组内分担编辑文件责任的方式——却存在多种社交网络体验和领导模式。领导者也许在允许其他人阅读文章的同时，却对编辑或修改文章内容进行限制；相反，用户可能认为自己拥有编辑的权利。进入维基网络的用户对如何操作都有自己的期望，特别是那些获得许可的参与者。

领导模式确定了领导者在社交网络环境中的职权，但是我们需要结合其他概念以形成更为准确的描述，尤其是社交网络体验模型。如图 3.1 所示，大多数社交网络体验模型可以选择多种可能的领导模式。

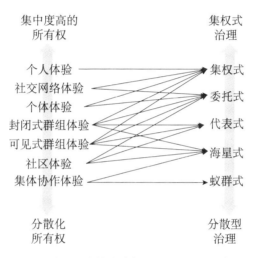

图 3.1　社交网络体验映射到社交网络治理模式

社交网站不需要完全按图中配对的模式实行，但是理解它们之间的联系有助于领导者制定目标和治理流程。有一些社交网络体系可能介于两种或多种模式之间。维基百科通常呈现海星式的领导模式，所有人可以编辑和贡献内容。但是如果有争议的话题引发了"思想大战"，维基百科的志愿者将作为网站的"核心人员"出面管理并解决。这种情况下，志愿编辑者将锁定页面，使其他人无法进行编辑。一些人认为这也体现了代表式或委托式的领导模式。

在一些复杂的社交网络环境中，存在同样的一批成员，有权利用多个社交网络工具，而这些社交网络工具具有不同的领导模式。比如一个社交网站中可能存在论坛，任何人都可以提出或引领一些话题进行讨论；同时网站中还有博客，但是只有社区的设计者才可以发布内容。

对于支持一种或多种社交网络环境的组织，通常允许各个系统自己选择采用哪种领导模式。这样一来，用户应当意识到存在多种领导模式的可能性，并且记住每种社交网络环境对应的领导模式。

选择领导模式同样取决于领导者希望成员关注哪一项特殊的任务。本书第 4 章 "社交网络任务：合作理念" 和第 5 章 "社交网络任务：创建和管理信息" 将更进一步地分析社交网络环境中的任务结构，并且提出对应每种任务特定的领导模式。下面以在社区贡献帮助下的新闻采集为例进行分析（详细内容同样见第 5 章）。

网站 slashdot. org 提供了一项被他们称作 "网友看新闻"① 的栏目，并且每天都更新内容。编辑人员根据网站成员提交的大量信息挑选出新闻条目，并且让读者能够评论和讨论新闻内容。在这种情况下，即使普通读者变成了 "新闻记者"，但是由于编辑对内容加以指导，所以该网站仍然类似于传统新闻组织的层级结构。相比之下，Digg. com 也遵循相似的思路，但是最优秀的新闻报道由所有网站成员投票选出，而不是由专门的编辑团队确定。这两个网站的目标是相似的，但领导模式却完全不同。

每种领导模式都有自己的拥护者。一群知识广博的编辑为读者筛选出有价值的新闻，让读者相信网站上不会到处充斥着荒谬的内容，甚至是垃圾信息。然而在其他人看来，Digg. com 网站关注的是绝大多数人眼中的重要事件，而不是少数的关键个人。由谁领导总体的谈话焦点，并且掌控网站的社交管理，每种领导模式均采取不同的方法来解决。目前尚无法判断哪种领导模式较另一种模式有什么样的商业优势；从自身看，两者都是成功的。但是任何领导模式

---

① slashdot. org 把自己称作 "网友看新闻"，并将其作为自己的口号，网址为 http://slashdot. org。该网站名称来自于 UNIX 操作系统中的文件储存结构，该结构暗指最顶端的位置。

想要获得成功，需要领导者理解每种模式的优势，并且考虑采用合适的方法。

一种领导模式也可能演变为另一种。举个例子，对于一个刚开始遵循委托式的特定社交网络系统，当成员间的信任度增加——以至于不再需要一个强有力的、单方的领导，那么该模式很容易朝着集中度或分散度更低的模式演变，比如代表式或海星式。但是相反的情况——从分散的海星式变为集权式——一般不会发生。这种领导力变化被认为是压迫性的或是受到控制的，并且会对成员的参与和奉献热情造成巨大的影响。

许多社交网络环境中的治理过程通常都具有流动性。领导模式会随着时间的推移逐渐得到巩固，但是在初始阶段，成员和领导者在如何共同工作上尝试不同的方法。员工和领导者认为这是一件好事，因为他们能够发表自己的看法来帮助确定社交网络环境的方向。

领导者和影响者

具有显著特点、成立时间久的社交网络群组都有一位具有极强影响力的人物，其身份可能是官方的，也可能是非官方的。这些影响者帮助社交网络群组确定发展方向和完成目标。官方领导权依赖于在确定群组治理方式后，该群组达到怎样的正式化程度。而对于作为参与者的你在组织中的头衔、为谁工作、向谁报告，影响者都无法干涉。

正如前文提及的，如果作为从原始组织中分离出的团队，这些小组的领导结构可能完全不同，甚至独立于原始发起者组织。第7章"构建社交网络文化"更详细地介绍了原始组织或发起机构的价值如何渗入到社交网络环境中，尤其是当大部分的成员均来自同一组织的时候。同样，创建机构的领导模式也能渗入到社交网络环境中：比如成员认可来自原始组织中的上级，从而自发地对他们言听计从。不过随着多个组织中的成员差异性越大，该因素的影响程度就越小。

这就引发了一个问题：影响者究竟从何而来？其影响力是否具有黏性，即当一个人在社交群体中表现出影响力后，他能否持续地、或者在其他群体中彰显自己的影响力？两位领导大师对此持有相反的观点。《引爆点：如何制造流行》的作者麦尔坎·葛拉威尔认为，对于一些人来说，影响力是与生俱来的特征，是自发产生的，他们惯于利用自己认为有意义的观点和想法去影响周围的人。[①]《六度分隔：互联时代的科学》的合著者，邓肯·J·瓦茨[②]在最近的研究工作[③]中指出：影响力确实存在，但和那些担任重要角色的人关系不大；影响力的产生是因为组织恰好希望传播一种思想，使得一些人意外地成为了具有影响力的人物。然而两位作者都认为，人们能够以特定的方式成为影响者，也能够识别出影响者是如何发现思想传播的方式和形成的过程的。

识别影响者的方法有很多：

● 关系网络能够体现出领导层级，尤其是当网络指明利益关系的时候。比如从某种程度上来说，拥有上万粉丝的 Twitter 用户就是拥有潜在影响力的人，因为他们有能力轻易地号召大批的追随者。通过绘制关系网络，可以看出联系紧密程度或者人们是否经常向影响者寻求帮助，从而有助于识别出其他的影响者。

● 有些成员也可能有意承担一些显著的、非正式的、自诩重要的角色，比如某方面的专家或者关系中间人。尽管不是官方的领导者，但是由于知名度高、人脉广，他们也成了影响者。

● 借助高等级或取得的卓越成就，社交网络环境可以自发识别

---

① 见第 2 章，"The Law of the Few," in Malcolm Gladwell's *The Tipping Point* (New York: Little, Brown & Co., 2000).

② Duncan J. Watts, Six Degrees: *The science of a Connected Age* (New York: W. W. Norton & Co., 2004).

③ Clive Thompson, "Is the Tipping Point Toast?" *Fast Company* online (February 2008). Thompson 的文章讨论了 Duncan Watts 的关于观点看法如何在社区内部传播的新实验。

出各个成员的影响力。

● 通过将成员归类到某个专业领域中，社交网络环境也可以识别出具有不同专业技能的影响者。

在社交网络软件的帮助下，通过跟踪交流互动去识别影响者似乎很容易。可惜大规模地精确测量以及确定影响的程度，仍然是一个难以达到的目标。不过即使不能搞清楚领导力分布的真实情况，我们仍然能够检测出不同程度的领导力应用于哪种领导模式。

小　结

领导模式和社交网络体验模型有助于考察社交网络环境的目标。领导模式提供了不同方法来描述社交网络环境中的职权，帮助制定治理流程和方针。不同的领导模式：集权式、委托式、代表式、海星式和蚁群式，在互联网和企业内部中都被广泛地使用。通过选择领导者以制定群组的目标和方向，以及成员在社交网络群组中的参与方式，权力团体内部和成员之间分别表现出不同的集中度和分散度，由此产生了不同的领导模式。不是每个组织都能直接地说明自己选择的领导模式，但是每种社交网络环境都对应一种领导模式——即便那些乍看之下不存在领导者的社交网络环境，也内含某种模式。随着时间推移，领导者可以修正或改善其领导模式，并且回应成员的主张和看法。这种流动性一般出现在社交网络环境成长的初期，但最终会趋于固化和正式化。

第 4 章

社交网络任务：合作理念

玛氏公司（Mars Incorporated）——也称作北美之外的"每食富"（Masterfoods）公司——允许客户在公司的官网上对玛氏产品进行个性化的设计，比如在其著名的 M&M 巧克力豆上印上自己的文字或图像。我使用过玛氏公司的这项服务，为我儿子两周岁生日定制了个性化的糖果。但是我并不希望带有我儿子照片和名字的定制版糖果被他人食用。在这种情形下，尽管客户能够自己创作定制版产品，但集体协作或共同分享作品并不是他们的任务。所以不论每天有多少人在重复该工作，产品个性化在本质上仍然是一种个体体验。

相比之下，在为热衷于缝纫和服装设计的用户开办的网站博达风格（BurdaStyle）上，成员不仅能够自己设计服装，还可以将自己的创意与他人分享，最终创作出属于自己的一套服装。用户将独创的设计理念与他人分享，并且被他人采用并制作为成衣，这体现出该工作的社会性。

社交网络群组可以显现群体的力量，但是如何利用并将这种社交网络力量集中于一项特定的任务上，仍然需要制定一些计划。从玛氏公司和博达风格采取的不同方式可以看出，社交网络群组的任务绝不只是简单地促使一大群人参与到一项工作中那么简单。只有当小组成员以某种方式共同互动或参与到整个过程中，才能成为一项社交网络任务。能在多大程度上利用好社交网络力量，取决于小组本身以及他们如何制定任务的执行方式。

　　许多社交网站将社交网络任务定义为：包括小组成员的使命陈述、行为准则或目标等组成部分。在线信贷网站 Prosper 的名字就暗含了其成员的目标：通过社交网络借贷让每个人都享有财务上的宽松。社交网站 Squidoo 大胆地宣称："任何人都是某一方面的专家"①，并且为人们提供了一个将自己的专业知识分享给正在寻找这些知识的人的平台（这种寻找即是一个社交网络任务）。一些社交网络工具将成员的任务同大环境下的商业目标分离开来。举个例子，小孩可以在迪士尼企鹅俱乐部中玩网游并参与该网站，然而迪士尼创建该俱乐部的目的却是为其主营业务提供一个娱乐平台。

　　网站 Web2list.com② 对几百个社交网站进行了鉴定，这些网站具有不同的运营方式、技术实现手段和目标人群，但它们大部分都有重复性工作和相似的模式。本章和下一章的目的是对在线社交网络环境中执行工作的不同模式进行区分。虽然这里提到的社交网络任务模式也许仅仅涉及存在于网络的几百个社交网站中的一部分，但却为理解每种模式及模式背后的不同原理提供了一种方法。

社交网络任务的结构

　　与各个用户之间实行的人与人之间分散的、令人满意的、外部环境的行为不同，社交网络任务是一项更大规模的合作工作。对于社交网络任务，不是所有的成员都参与其中；该任务也许不会分配给指定的成员并需要给出特定的结果；在同一个环境中多个任务可以执行，并有可能存在不同类型的受益人。但是，社交网络任务试图对涉及的全体成员进行一些可能的置换，比如要求成员输入信息、执行更复杂任务的某一些步骤、制定决策、思考或者消化一些信息。

---

　　①　见 2008 年 8 月 www. squidoo. com 的首页。

　　②　http：//Web2list. com 上有用户提供的、列有上百个社交网站和 web2. 0 网站链接的清单。

社交网络任务模式的维度结合了迄今为止本书提出的以及其他的一些概念。除此之外，当然还有其他类型的社交网络任务，以及它们的衍生物或变化形式，这些类型并未在本书中详细介绍。本章内容主要涉及：如何定义一项社交网络任务以及该任务与本书中的其他概念有怎样的联系。本章和下一章中会讲到设计任务的例子，并指导你如何利用该框架形成自己的方法。

识别受益人

首先是要识别社交网络任务中的目标受益人。根据第 2 章中的表 2.2 显示，在一个社交网络环境中，参与的成员、所有者和主办者能够同时受益。一个社交网络环境有多个针对成员的任务，而每个任务都对应不同的受益人。有些任务针对短期活动并且受益人是群组成员，也有些任务针对社交网络环境中的交流互动带来的长期价值。如果成员清楚自己的努力将给谁带来好处，那么他们可能会更愿意执行该社交网络任务。识别受益人群体并不是对各种收益进行描述[1]，而是要看这种描述会对未来成员决定是否参与造成的影响。表 4.1 显示了成员的努力对应的潜在受益人。

表 4.1　　　　　　　　　社交网络任务的潜在受益人

受益人	描述
任务参与者	只有参与任务的成员收获结果
社交网络个体成员	单个社交网络环境中的一些或者全部成员受益（比如某人的社交网络、单个小组或社区），不论他们是否参与了任务
社交网络生态系统成员	包括在社交网络生态系统中的任何人——许多具体社交网络环境的集合，比如个体、个人网络、小组、社区等——不论他们是否参与了任务
主办者	供给和支持社交网络系统的人（个人或者机构）
主办者组织	除了主办者，作为产品、服务或其他供应物客户的成员也能获得潜在的收益

---

① 将价值归因于一项社交网络任务的收益或结果常常是不可能的，也是不可取的。但是请注意本书第 10 章 "衡量社交网络环境" 中衡量社交网络系统的概念。

续前表

受益人	描述
第三方	除了成员和主办者，社交网络任务使某些特别的个体或群体收益
任何人	包括领域中的任何人，不论他们是否为成员，也不论他们是否参与了任务
整个事业	该受益人是指无私或抽象的宏观概念或宗旨，比如在全世界范围内消除贫困、保障劳工权益或支持环保事业。这些受益对象的目标是类别广泛的共同利益，而非瞄准特定的群体或机构

描述聚合方式

确定社交网络任务的下一个步骤就是考虑成员如何共同执行社交网络任务。社交网络软件会将多数个体的行为或内容聚合成一个总体结果或结果的集合，然而你也可以采用不同的方式进行归集：

- **独立**——成员在任务中独立工作，但是所有成员工作的结果被聚集起来。他们的分散行动和成果也许不能直接地被其他成员看见——只有聚合成总体结果后才被其他成员所见（就像封闭式群组的选举投票）。

- **自主**——成员彼此间分开工作，工作成果可被其他成员看见。这使成员有机会从其他成员分享的信息中获益。成员间各种各样的成果集合或者某个单一的集合成果（比如头脑风暴产生的结果）由此产生。

- **共识**——为了获得一个总体集合结果，小组成员直接共同为一项任务工作，即使最后的成果并非一致或趋近。社交网络任务通常需要分析、讨论和辩论才能获得一个共同的结果。聚合和产生一个单一的共同结果是最终的目标，但是成员也有可能不赞成最后的讨论结果，因此有时会产生多个结果作为选择。

- **协商**——小组成员直接共同为一项任务工作，但并不是为了一致同意某个结果，也没必要达成共识。成员间的讨论和互动通常向各个方向展开，这取决于子集成员的互动方式。

● **竞争**——为了获得最好的结果，成员必须互相竞争并否定其他人的选择[1]。不同于共识方式，在小组产生的所有选项中，只能达成一个最终结果。

建立任务模板

将社交网络任务模板和之前提到的概念结合起来，见表4.2。这个模板显示了谁会从社交网络任务中受益、聚合方式、网站经常采用的适用于某项任务的社交网络体验模型以及可能的社交网络领导模式。

表4.2   社交网络任务模板

任务
受益人
聚合方式
社交网络体验
领导模式

社交网络任务的不同模型

利用模板，我们可以针对一个社交网络环境建立各种任务模式。每个任务都需要必要的软件，从而使成员能够按步骤执行该任务。然而，建立模板的关键在于：区分不同的社交网络任务；了解社交网络体验、领导模式和聚合方式所需要的社交网络环境背景；定义发生在每个任务中的行为类型。

创意的产生

作为一项社交网络任务，产生创意的目的在于利用社交群体的

---

① Bryce Glass, *Designing Your Reputation System in 10！Easy Steps*，IA Summit 2008，Miami，Florida.

力量，从大量的备选项中产生或者选择出新的想法。由于成员们一次能贡献很多创意，社交网络任务通常还包括检测最佳方法的方法。这种社会过滤是独立于产生创意的另一种社交网络任务，详细的介绍见第 5 章 "社交网络任务：创建和管理信息"。在创意的产生方面，人脑比电脑更具有优势，这是因为人们能够应用自己的经验、知识、智力和灵感，提出广泛而多样的想法以供选择。两种常见的社交网络创意的产生方式就是社交网络头脑风暴和市场预测。

社交网络头脑风暴

社交网络头脑风暴为成员们提供了一个鉴别、讨论和游说创意的开放平台。任何话题都可以被公开地讨论，但一般来说主办者会设定话题框架以供参考。比如，从 2001 年开始，IBM 公司就将社交网络头脑风暴应用于 "创新大讨论"（InnovationJam）。2006 年，IBM 举办的 "创新大讨论" 吸引了 15 万公司员工、合伙人和家庭成员参加，并就 "一往无前"、"留住健康"、"更好的星球" 和 "金融与商业" 等主题贡献自己的想法。[①] 其他例子还包括戴尔公司的意见风暴[②]（IdeaStorm）和 MZinga 公司的 "我们比我更棒"（We Are Greater than Me）项目的意见分享活动。

公开的反馈平台能够让员工产生出基础的创意，其他人也可以

---

① Osvald M. Bjelland and Robert Chapman Wood, "An Inside View of IBM's Innovation Jam," *MIT Sloan Management Review* (Fall 2008), Vol 50, No 1: 32－40. IBM 的集体大讨论（见网址 www. collaborationjam. com）是一个面向社交网络的大型年会，参加者为公司员工、合伙人和其他公众成员，他们通过集体头脑风暴的方式提出世界范围内的各种问题。也见 "IBM Jams: Big Blue Can Innovate, Too," by Robert Katz, on his WorldChanging blog, accessible at www. worldchanging. com/archives/005342. html；也见 Martin LaMonica's article "IBM's Chief Seps into 'Second Life' for Incubator Launch," *ZDNet News*（14 November 2006）。读者可以通过 http://new. zdnet. com/2100－9595_22_150263. html 访问。

② Jeremiah Owyang, "When the Web Team Leads Product Development, the Evolution of Dell Hell to Dell Swell" Web Strategy Show，读者可以通过 http://tinyurl. com/292qm9 访问。这是 Owyang 和 Lionel Menchaca（戴尔公司的博客战略家和社区管理者）关于戴尔公司 "意见风暴" 的精彩访谈。戴尔公司意见风暴的网址为 www. dellideastorm. com。

对该创意表示赞成或反对，或者使其进一步发展。主办者也应该做出一定程度的承诺，保证将最好的创意在实际中应用或是在产品上实现。比如，IBM 投入了 1 亿美元设立基金，以支持在 2006 年的社交网络头脑风暴会议上产生的最佳创意。该措施使得 IBM 公司创造出一系列的新型商业活动，包括智能医疗支付系统、实时语音翻译服务、3D 互联网新计划等。[1] 为了收获最后的成果，社交头脑风暴同样需要领导者拥护这些创意、向他人展示、或招募他人来帮助发展创意。否则，这些创意可能会因为无法获得足够的支持而中途夭折。

尽管在集体协作模式下对每个创意进行投票能够起到一定的催化作用，但更好的体验模式其实是围绕一个主题形成一个团体，指定领导者充当催化剂的角色。集体协作也适用于规模更小并限制人数的情况。

社交网络头脑风暴（见表 4.3）对一个确定的群组、社区或集体协作体验模型都有效。然而，一个社区管理者或催化因素必须发起、促进、支持一个创意，并且使其从概念演变成事实。为了完成上述过程，社交网络头脑风暴需要发起成员之间进行协作开发（本章稍后会提及这一点）。理想的情况是，许多催化因素帮助某一创意"战胜"其他的创意，并获得绝大多数人的支持。在投票产生落实的创意之后，委托、代表或海星式的社交网络领导模式将开始发挥作用。

表 4.3   社交网络任务——社交网络头脑风暴

任务	社交网络头脑风暴
受益人	任何人
聚合方式	先自主型，然后共识型或竞争型
社交网络体验	封闭式或可见式群组、社区或集体协作
领导模式	委托式、代表式或海星式

---

① 见本书第 45 页注释①的内容。

市场预测

替代自由联想式社交网络头脑风暴的另一种方式是市场预测。一般来说，市场预测方法构成一个供投票或者预测的平台，成员可以就多个想法表达自己的观点。不同于社交网络头脑风暴，市场预测模式供选择的观点也许很多，但这些想法却是预先确定并规定了截止日期的。通常每次会议只讨论一个问题，并根据多个开放式的选择或可能性来决定结果——比如，"产品 X 在冬季的销售量会是多少？""确定哪一点为结账日？且资产是相对增值还是贬值？"这样做有助于过滤出最有价值的观点。

百思买公司的内部市场预测名为"标签贸易"① （TagTrade），可以让员工对各种各样的商业前景进行预测（比如预测公司在纪念日的收入，或者父亲节贺卡的销量），也为员工提供了纯粹的娱乐项目（比如在电影《加勒比海盗 3》和《蜘蛛侠 3》上映之前，预测哪部的反响更好）。另一个例子是好莱坞证券交易所②，它负责对美国新上映电影的票房进行预测。

如表 4.4，市场预测的结构表明，集体协作在实际中最适合执行总体任务。然而，正如好莱坞证券交易所网站显示的，任何资产或股票的总体系统中都可以存在一个与之相关的子社区。这使得用户能相互分享观点，为自己制定的估价争辩和协商，并将这些成果共享。市场预测将集体协作与蚁群式领导模式相结合，而许多可能的子社区与海星式的领导模式相结合。

表 4.4　　　　　　　　　社交网络任务——市场预测

任务	市场预测
受益人	任何人

① Dawn Keller，*TagTrade：Best Buy's Prediction Market*，Prediction Markets Conference，Kansas City，Mo. （November 2007）.

② Hollywood Stock Exchange，*Welcome to Hollywood Stock Exchange：The Entertainment Market*（December 2008）. 读者可以通过 www. hsx. com/about/whatishsx. htm 访问。

续前表

聚合方式	共识型
社交网络体验	集体协作，子社区或小组也可选择其他方式
领导模式	蚁群式，子社区采用海星式

协作开发

协作开发是指，成员共同努力将一个想法从高度抽象化的概念转化为精练的观点或内容的过程。社交网络头脑风暴和市场预测首先发现社交群体对什么感兴趣，再通过协作开发将头脑风暴和市场预测中产生的有意思的想法转变为现实。产品、服务、知识或其他具体的想法都可以成为协作开发的成果。表 4.5 列出了当社交网络头脑风暴和市场预测所产生的"产品"是想法的时候，如何从基本构思、想法形成和任务实现完成这一系列活动。本部分将分析开发构思的实现方法：通过模板众包或竞标众包、分布式人工计算、开放式资源开发等。

表 4.5　　　　　　　　社交网络协作开发的不同模型

类型	任务关注点	谁创造构思	谁开发真正的产品	对应的体验模型
通过模板众包（比如 BurdaStyle）	为用户提供模板，共同创作自己的定制版或设计产品	网站为成员提供工具或者模板，创作新的构想并投票产生最佳构思	成员开发产品，该产品可能交由一个专业团队进行最后的执行和包装	集体协作
通过竞标众包（比如 InnoCentive.com）	提前限定了话题和问题	主办者提出一个有待解决的问题，并可能提供报酬	成员通过竞标，部分或全部地解决问题	集体协作
分布式人工计算	任务被分解，并被各自完成	主办者、领导者或外部客户提出任务	成员完成问题的一部分，然而将其提交给网站，网站将它们聚合成完整的结果	集体协作

续前表

类型	任务关注点	谁创造构思	谁开发真正的产品	对应的体验模型
开放式资源开发（比如Mozilla）	项目已经规定了目标，但进行中的开发会使目标逐步演变	成员在领导者指导下定义目标	社区成员共同开发产品	集体协作、固定的小组或社区

众包

社会计算为人们带来了大量的惊喜，众包就是其中之一。众包的理念是，把那些无法用计算机解决但可以通过人脑分析解决的难题，交给一群用户。众包是 InnoCentive.com 和 BurdaStyle 成功发现的一种商业模式。众包基于模板运作，成员按照自己的想法进行原创设计，并且通过公开招标的方式向主办者或客户的项目提供解决方案。

当需要解决的问题是易理解并可重构的时候，采用基于模板的众包（或称社交网络驱动原型，见表 4.6）就变得非常方便，但是也需要人的独创性来产生新的设计或原型。在 BurdaStyle[①] 的网站上，用户根据拿到的虚拟的原材料，借助在线设计工具，自己创造新的设计或模板，然后由其余用户对它们进行点评。这种方式提供了一个在众多用户的帮助下探索新设计和新构思的机制，同样有助于提升产品的应用性并促进收入的增长。

表 4.6 社交网络任务——通过模板众包

任务	通过模板众包
受益人	任务参与者、主办者组织、社交网络生态系统成员、第三方或任何人

---

① BurdaStyle 是由 Nora Abousteit 和德国出版商博达传媒集团（Hubert Burda Media）的 Benedikta von Karaisl 共同创办的，见 www.burdastyle.com/content/about_us。

续前表

任务	通过模板众包
聚合方式	自主型、协商型或竞争型
社交网络体验	社区和集体协作
领导模式	集权式设计并审查步骤，蚁群式接受步骤

竞标众包（或者称作构思外包）更适用于完成任务需要的子组件或步骤难以确定的情形，以及社交群体被要求提出可行的解决方案的情况。这时主办者要么提议以一定的报酬向外投标，要么让竞标者自己给出价格。

集体协作对上述两种众包模式都有效，这是因为参与者可以根据自己的动机，以个人的方式为总体解决方案贡献自己的力量，最后由社交群体决定或投票选出最佳方案（甚至可以使用市场预测）。

分布式人工计算

亚马逊旗下的土耳其机器人[①]（Mechanical Turk）——一个利用人脑完成计件工作的网络集市——将软件计算中的旧思路转变为一项社交网络任务：即把一个计算问题分解成许多小问题交给"加工者"，"加工者"以计件的方式并行地解决。当许多子集有一个或多个可以重复独立进行的步骤时，这种并行的处理过程最有效。这种社交网络任务以人代替了计算机处理器，对于那些计算机难以分析、却很容易被人类大脑理解的任务，分布式人工计算能出色地完成。比如，在照片中进行事物鉴定或人物识别，就需要分清事物彼此间的界限、知道如何从不同角度诠释一个事物以及根据自己的记忆辨认出一个事物。每个参与者单独地在一张照片中进行上述识别活动，并在所有的照片上重复多次。通过并行工作，人们可以比计算机更快地发现照片上的共同点。亚马逊把类似的问题以商业任务的方式交给用户分析，然后把工作分解成许多小块，并分配给社交

---

① 关于亚马逊旗下的土耳其机器人见 www.amazon.com/gp/help/customer/display.html/ref=hp_navbox_lnbus_turk? nodeId=16465291。

网络环境中的成员。最后，亚马逊的服务部门将成员的成果合并成最终的结果，并将其返回给客户。

这仍是一种"分布式计算"，因为待解决的问题被分解为可以并行处理的计算单元（人），关键的一点在于，处理进程的是人，而非计算机。分布式人工计算同样有别于模板或竞标众包的方式，因为进行分布式计算的成员自身并不承担唯一的一个项目，也无法体现出大量的创造性和创新性（如表 4.7 所示）。

表 4.7　　　　　　　　　社交网络任务——分布式人工计算

任务	分布式人工计算
受益人	主办者、主办者组织、任务参与者、第三方或整个事业
聚合方式	独立型
社交网络体验	集体协作，支持社区
领导模式	蚁群式进行计算；委托、代表或海星式支持社区

开放式资源开发

在项目的具体实现上，开放式资源开发比众包更有效、更实际。成员可以在不同层次上参与开发任务，从与主要工作无关的微小改进，到担任深层次的设计、执行和领导工作。一般情况下，成员可以自由地选择执行任务的方式。开放式资源开发起源于一种软件开发工程，任何想改进软件的潜在开发者都可以获得软件的源代码。这与许多软件供应商采取的"封闭"方式恰恰相反——他们严格地控制软件源代码的访问权，并且不允许除自己开发者之外的任何人修改软件。

如表 4.8 所示，开放式资源开发可以在一个固定的小组、社区或集体协作中进行。可以在多个平行的过程中执行这种开发工作：

- 在固定小组中，成员彼此非常熟悉，并且处理核心开发工作。

- 在社区中可以交流想法并帮助改进组件。

- 只是为了自己进行改进和增加软件功能的成员，他们最后将改进和增加的结果交回给项目——本质上扮演的是集体协作的角色。

表 4.8   社交网络任务——公共开放式资源项目开发

任务	公共开放式资源项目开发
受益人	任何人——系统或社交网络个体成员，某种事业或主办者组织
聚合方式	自主贡献，共识或竞争得出最终选择
社交网络体验	主要是社区，子社区和集体协作
领导模式	主要是委托、代理或海星式

找到合适的人

通过积极寻找或偶然发现，社会计算工具是一个找到合适人的好方法。与其他社会工具一样，在社交网络环境中存在活跃且确定的一类人，他们更可能有助于人们找到匹配的对象。尽管成功并准确地找到希望的人选取决于社交网络环境中的现有成员，但仍然应该考虑在成功几率不大的情况下如何完成任务。也有一些工具基于企业数据库的内容和电子邮件系统，发现并映射出人们之间的相互关系。

人际关系映射和挖掘

一个关注用户的社交网络系统会自然地映射和反映用户的社交网络关系。跟踪用户的联系方式是商业中一个非常重要的组成部分。但是传统的联系方式管理系统和关系数据库要求用户积极地提交社交网络关系和人际关系状况，其内容不仅容易过时，而且还要花费大量的时间进行人工维护。

然而，社会计算工具能够开发出一个几乎实时的、可改进的人际关系模型。比如 BranchIt 公司的同名软件和 IBM 在 Lotus Connections 上推出的 Atlas 套件工具就可以在映射用户的人际关系时理清他们的相互联系。这些工具通过不同的渠道，比如电子邮件、即时信息、企业数据库以及允许用户共享或应用社交网络活动的其他工具（这些用户都彼此熟识，且获得许可）调查成员的社交互动情况。事实上，一个人际关系映射工具创造出了所有用户之间的社交网络集合。或许用户只能看见自己的社交网络，但也可以借助中介关系发现更多认识的人（见表 4.9）。尽管用户能够认出自己社交网络中的大部分人，但他们也会惊奇地发现，系统能够发现自己根本没意识到的人际关系。

表 4.9　　　　　　社交网络任务——人际关系映射和挖掘

任务	人际关系映射和挖掘
受益人	任务参与者或社交网络个体成员
聚合方式	自主型
社交网络体验	社交网络和社区
领导模式	集权式

以位置为中心的社交互动

当人们将自己目前或计划即将要去的地点位置共享时，就为彼此之间的见面、交流专业知识、表明观点和偏好创造了机会。当需要在贸易展览和会议等企业活动中与不相识的人会面，或是查找同好和专家所在位置的时候，这种方式尤为有用（见表 4.10）。

表 4.10　　　　　　社交网络任务——以位置为中心的社交互动

任务	以位置为中心的社交互动
受益人	任务参与者、社交网络个体成员或生态系统成员
聚合方式	自主型
社交网络体验	社交网络或者个人
领导模式	集权式

社交网站 Dopplr 的成员可以将自己的旅行目的地等信息私下分享给自己的社交网络好友或者向网站中的任何成员公开。[①] 当 Dopplr 成员将要去一个地方的时候，会确定到达的城市、地点和日期。他们能在旅途中发现哪些好友在附近，反之亦然。看见这些信息的其他用户就能知晓该用户的旅行计划，从而使该用户不必在每个地方再去召集或发现自己的朋友。如果两人碰巧同时在同一个城市，这就创造了一个偶然见面的机会。尽管 Dopplr 使用的方法并不

---

① Dopplr 是共享旅行计划和旅行方式的社交地图集服务网站，由芬兰人 Marko Athisaari 和英国人 Matt Biddulph 共同创办。网址为 www.dopplr.com/main/about。

特殊，但可能引发很多故事发生。利用 Dopplr 网站，研究人员和大学老师可以在不同的会议上与同事见面；咨询顾问可以找到自己领域的专家；对个人来说，敢于创新的父母可以为自己的孩子安排丰富的娱乐日程。

　　BrightKite 是另一种基于地理位置信息特别是移动电话，来帮助人们发现彼此的工具。[①] 该网站可以让用户自主地向社交网络中的好友分享自己的所在地点和状态（按照前面章节描述的"聚合方式"），或是向所有人公开这些信息，从而遇见新的朋友。这类网站的运行需要隐私设置。举个例子，BrightKite 限制用户的地理位置可以为哪些人所见，也能够根据用户的需求或隐私指示，限定一定的地理范围（500 米以内）。

小　结

　　社交网络群组集体执行工作远远不是将人们聚集在一个虚拟地点那样简单。它涉及社交网络任务的具体时间点——输入、分析或者输出——采用多个方式中的一种聚合工作成果。执行与任务在多个社交网络环境中以相同的模式频繁地重复进行。通过创立社交网络任务的模式，就能够根据社交网络体验模型、治理方式、聚合方法以及所涉及的人际关系、情境或环境行动，来考虑怎样的情形是群组工作所必需的。

　　本章描述的不同任务模型将注意力集中于人们在两人小组、小型团队或者大量人群中的协作方式。下一章将进一步阐述如何在社交网络任务模型中处理信息。

----

① Brady Becker，"New Features：Place Privacy and People Near Me，" BrightKite Blog（July 2008）. 读者可以通过 http：//blog. brightkite. com/2008/07/30/new-features-place-privacy-people-near-me/访问。

第 5 章

社交网络任务：创建和管理信息

　　让软件自行处理非结构化或定性的主观信息是另一类比较复杂的任务。这类信息通常都需要以人类的视角出发来表明偏好、引用相关资源、加以分类或者筛选，从而添加新的观点、支持材料或是评估信息质量。社交网络软件能够帮助人们在自身工作中仔细考量、结合并运用上述信息。社交网络任务就是遵循这种方式以指导人们分析信息。通过简化步骤并与他人合作，该任务有可能创建关于任何内容的大量信息。本章介绍了信息创建和管理中涉及的三类社交网络任务，它们分别是：推荐与评价、信息创建与分类、信息筛选。

推荐与评价

　　社会计算涵盖并强化了人们几乎所有可能有兴趣发表意见的话题。① 不管是网站上的各类评分、评论以及推荐，还是各家企业为实现口碑所采用的营销策略，都是应用社会计算的证明。

评价

　　在线的定性评价系统能以许多不同方式收集社交网络环境下的用户意见。有不少分析人员曾研究过评价系统以及评价对产品和服

---

　　① 这依赖于文化因素。有些文化不鼓励直接向上级或经理提出相反的意见或观点。在这类文化环境下，社交网站用户往往会使用匿名或化名的形式提出自身观点，从而不与文化规则或习俗发生冲突。

务销售的影响。① 那么，网络环境下又存在哪些不同呢？同定量评级的统计分析过程一样，只不过网络环境下信息的收集、存储和处理显得更加简单。创建一类用于定性评价的均衡系统可谓是一种艺术，对在线系统而言也是如此。

和以往不同的是信息的分布以及与其他系统的整合。不管系统属性如何，通过在线系统查找特定评级、条目以及向其他人传达观点都更为容易。Digg. com 的度量标准［"掘客"（Digger）数量］指的就是认为他人值得尝试某个新网站的个体数量。其他网站也可以将这类评级作为全行业范围内自身价值的参考。评价系统供应商（比如 Bazaarvoice 和 PowerReviews）向企业提供服务，并允许企业将服务内容添加到自身网站中，供公众浏览。此外，人们还可以使用第 10 章中提到的"衡量社交网络环境"这一工具，收集其他领域的评级和评价信息。

在一些产品评价中，评价者的身份会减少人们对产品的偏见。确信评价者本身购买过产品这一点很重要。亚马逊网站实名系统②的目的，就是利用用户的信用卡信息，从而使用户身份得到验证。PowerReviews 的买家核实程序③会对评价者是否确实购买过所评论的产品进行确认。上述两种方案都对评价者的可信度及信誉度提供了很好的支持。

人们大多非常关注定量评价，然而定性评价强化了许多自主型、竞争型的个人评价。一般而言，内容充实并且对社会大众来说具有一定借鉴作用的评价通常是描述性的，并且这些评价本身也可以被视为内容项。评价作为一类社区体验，可以促进人们进行讨论和思考（见表 5.1）。为了获取更多的用户或消费者，企业可以以用户评

---

① Grant Blank, *Critics, Ratings, and Society: The Sociology of Ratings* (Lanham, Maryland: Rowman& Littlefield, 2006). Blank 的研究广泛涉及评论和评级系统。

② Amazon. com, *Your Real Name Attribution* (August 2008). 读者可以通过 www. amazon. com/gp/help/customer/display. html? nodeId=14279641 访问。

③ PowerReviews, Power Reviews Customer Reviews Serice (July 2008). 读者可以通过 www. powerreviews. com/social-shopping/solutions/customer-reviews. html 访问。

价或评分作为参考，来更好地分配社交网络资源。

表 5.1   社交网络任务——评价系统

任务	评价系统
受益人	所有人
聚合方式	自主型、协商型或竞争型
社交网络体验	个体或社区
领导模式	集权式或海星式

直接推荐

用户在创建或是发现了某些内容后，总是会倾向于向自己认识的人推荐（不论正面的还是负面的）。与评价不同，这种推荐通常涉及同一群体范围内的所有人，直接推荐的重点就在于这种直接关系。因此，评价很容易成为社交网络和社区体验的一项特质。这种用户之间的直接的口碑传播形式存在几类可能的机制。

一类机制是将口口相传作为正式的营销方式。企业可以结合追踪用户间的关系、搜索潜在客户甚至奖励参与人员等方法，利用多种方式展开口碑营销。口碑营销协会（Word-of-Mouth Marketing Association）列出了众多的业务提供商，可以帮助企业开展此类营销活动。[①]

即使没有这样的正式机制，基础系统也会促使用户通过电子邮件向朋友推荐某个自己曾经访问过的网站。社交网络导航系统（Social navigation system）会收集此类信息，并向人们展示"通过电子邮件发送次数最多的网页"。用户浏览的网站会自动生成一封格式化的电子邮件，并且标出发送人本人以及其他一个或多个地址。生成的电子邮件可能包含带有特殊参数的网站 URL，从而将其与其他用户发送的邀请区别开来。这样做有助于衡量网站的邀请成功率。除了这种"向朋友发送电子邮件"的系统之外，其他的一些口碑营销方式也经常在标准的 URL 中使用特殊参数或标签。口碑营销活动一般会邀请一组核心成

---

① WOMMA. org，WOMMA Member Directory（September 2008）. 读者可以通过 www. womma. org/members/访问。

员正式报名参加，并向他们发送带有标签的 URL 营销信息，之后这些成员可以运用各自不同的方式，将这些信息传播给其他人（处于同一社交网络中的）。

与将建议被动地推向用户相反的是用户主动接收来自他人的告知（见表 5.2）。这种现象在人们试图保持与朋友、同伴或者管理人员的联系时尤为常见。举个例子，人们使用 Flock 浏览器邀请同伴加入某个特定的群组，这样一来，每位群组成员便可以向其他成员分享站点位置、图片、音频、视频以及其他他们认为有意思的事物。群组成员仍然可以管理自己的浏览器，不过他们也能通过浏览器接收到来自同一群组成员的一连串建议信息。

表 5.2 社交网络任务——直接推荐

任务	以通知为方式的直接推荐
受益人	任务参与者、社交网络个体成员、主办者组织
聚合方式	自主型
社交网络体验	个人和社交网络
领导模式	集权式

诸如 Twitter, Plurk 及 Identi.ca 等各类微博社交网络工具使得人们能够与同伴分享自己的活动和兴趣，同时及时了解其他人的近况。一旦用户发布一小段微博（一般来说不超过 140 字），系统便会自动将该微博的内容发送给其粉丝们。这同时结合了直接推荐的主动推送和被动接受两种模式。作为个人博客用户来说，结合自身经验向他人分享自己的想法和建议通常能为自己带来良好的口碑。许多企业也积极使用博客向用户分享自身信息，并及时与用户沟通和交流。举个例子，美国亚利桑那州斯科茨代尔市的警察局，就使用 Twitter 来向粉丝们的电脑或手机上发送紧急通知。[1] 与之类似，美

---

① Amanda Keim, "Scottsdale Police Twitter to Get the Word Out", *The East Valley Tribune*（online）（Scottsdale, Ariz；5 September 2008）. 读者可以通过 www. eastvalley-tribune. com/story/124996 访问。

国宇航局则利用微博向公众发送凤凰号火星探测器的实时活动信息。[①]

衍生推荐

有些社交网络系统可以处理一段时间内的社交群体行为，并生成以这些资料为基础的建议。这种情况下，系统的输入仍然是来源于多个网站用户自然行为的社会化信息。不过，复杂的分析软件通常会提出建议，而不是直接显示其他用户的建议内容（见表5.3）。与直接推荐不同的是，对新用户来说，其他用户的知名度或用户的选择并不是一项很重要的影响因素。

表5.3　　　　　　　　　　社交网络任务——衍生推荐

任务	衍生推荐
受益人	任务参与者
聚合方式	对参与者来说是独立型或共识型的
社交网络体验	个人、社区及参与者的集体协作
领导模式	涉及所有任务用户的集权式和针对参与者的代表式、海星式或蚁群式

Netflix的在线电影出租商店拥有一套非常著名的推荐系统，该系统能够根据不同用户对电影的选择偏好模型，向用户提供建议。比如通过将用户的行为汇总，将用户对电影的兴趣进行组合等方式。系统的算法是保密的，确实，该算法的商业价值具有明显的竞争优势。电影出租商店推出的其他经典模型往往只能提供由员工、自有专家或是比较知名的影评家们给出的建议，而这套推荐系统远远胜过了这些模型。

源于同样想法的另一个例子是MarketWatch.com推出的门户信息组件，重在突出那些被阅读最多、评论最多的内容条目。其他一些网站则提供发送次数最多的信息等。所有这些方法都与流量有关，它们

---

① Alan Boyle，"Mars Lander Is a Web Star"，MSNBC.com（30 May 2008）. 读者可以通过http://cosmiclog.msnbc.msn.com/archive/2008/05/30/1085295.aspx访问。

将社交网络行为汇总，并向其他用户提供他们可能感兴趣的建议。

信息可视化在社交网络任务中充当着十分重要的角色，不仅能显示各类信息或知识的不同联系方式，展示优先条目，还能向用户提供供其筛选的选项。这些导航元素主要有以下几类形式：

● **分类排序列表**——将内容按一定条件（比如按字母、日期、相关性或者其他排列条件等）有序排列。

● **标签云**——不同的内容相互之间靠得比较近，就像在云中飘浮，其中重要内容以大号字体或鲜艳色彩突出显示。

● **树图**——每一类内容都由一组大小不一的盒状物组成，从上至下的显示内容越来越小。这类形式的名称源于一种名为"树"的软件编程数据结构，然后树又映射到用盒状物表示的可视化模型。

● **网络图**——网络图与标签云非常类似，只不过相关内容之间存在网络关联。

● **滑动过滤**——这种形式设定了某个阈值，从顶部开始，所显示的内容会不断减少或是增加。

信息创建与分类

通常，只要用户认为合适，社交网络工具就会以任何方式向他们提供内容创建的常用手段。这一信息创建任务与其他社交网络任务（比如资源收集和类别界定）有部分重合的内容，有时彼此甚至难以区分。所以说，上述这些社交网络任务其实是类似的。

共享搜集到的信息

创建信息列表是信息分类最简单的方法之一，共享搜集到的信息或者信息列表也成了社交网络的自然产物。通过与他人共享自己创建的信息列表，用户实际上将自己的意见与信誉融入了上述内容中，反之亦然。用户往往借助列表对所搜集到的特定信息的分类给出自己简单的建议。该任务的重点在于信息的搜集—创建过程，而不是实际的推荐行为（见表 5.4）。

表 5.4　　社交网络任务——共享搜集到的信息

任务	共享搜集到的信息
受益人	所有人
聚合方式	自主型、协商型以及竞争型
社交网络体验	个人及社区
领导模式	集权式或海星式

如今，在线购物网站有办法将消费者想要购买的商品放入虚拟购物车保存起来。不过，并不是所有购物网站都能做到将用户购物车中的商品列表与其他用户共享。网站保存商品列表，其目的仅在于方便用户，以使其在延迟付款时不用再费时间重新搜索商品——这类列表只是提升了用户个人的购物体验。

与之相较，如果消费者希望与朋友分享自己想要购买的商品清单，那么此时商品清单就被赋予了独特的，或者说具有了社交网络的性质。这就需要有一种机制，来保证其他用户能够根据上述这位用户列出的清单完成购物。这种模式本质上与礼品登记是一样的（比如婚礼、生日宴会或者其他场合）。

列表共享也是内容推荐或分类的过程。举个例子，我将亚马逊网站上个人收藏的关于社会计算内容的图书列表与其他人共享，并就每本书都给出了自己简短的评论。[1] 我认为这样做是一种快速唤起自己对某本书记忆与思考的方式，而其他人则或许会认为，这是在向他人推荐社会计算相关主题的有用书籍。共享图书列表的人有很多，用户的个人列表代表了个人体验。上述所有例子都是集权式领导模式搜集信息的方法。

通俗分类和社交网络标签

社交网络标签将"把标签存储于网页浏览器中"的理念拓展到

---

　　[1]　Rawn Shah，"我的社交网络图书列表"（*My Social Networking Book List*）。读者可以访问 Rawn Shah 的 developerworks 空间，网址为 http：//tinyurl.com/6noq72。

了"把标签存储于网站中"，这样一来，使用其他浏览器的人们也同样可以访问这些信息。通过对每项添加标记，用户可以创建个人专属的标签索引，并根据个人偏好寻找想要的信息。社交网络标签将来自许多用户的标签条目集合起来。人们可以将这种标签技术应用于任何类别的群组信息［一般来说，我们将其称为社交网络标签，或社交网络书签（social bookmarking）］，而不仅仅是指网页的标签。

上述技术将来自许多个体的信息综合到一起，从而创建出一组内容更加丰富的信息集，可以涵盖任何主题。不同的对象，其拥有的某些心理指标也会有所不同，而其中相同的那部分，有助于我们识别出具有普遍意义的兴趣点或是参照标准，同时也有助于新增一些不同的信息来源。为了创建出简单而又动态化、不断发展的系统，大多数系统避免权衡此类信息的质量。

信息分类的方法很多，包括由核心人员组成的分层分类法或自上而下的网络分类法（比如家谱或朋友圈），以及根据某些特质对信息进行分类（比如根据流派对音乐进行分类）等。相比而言，信息结构化是一种完全不同的信息分类方法（见表5.5）。这是一种由下而上推动的自由分类方法，用户可以独立行动，并借助共享的社交网络环境来完成信息分类活动——说实话，这种方法真不愧被称为"通俗分类法"。

表 5.5　　社交网络任务——通俗分类

任务	通俗分类
受益人	所有人
聚合方式	协商型和自主型
社交网络体验	集体协作
领导模式	蚁群式

通俗分类法中的社交网络标签（比如应用于 del. icio. us, stumbleupon, dogear 以及 reddit 等社交网络工具网站），主要通过重点满足两类普遍需求来推广通俗分类的概念，分别是：与他人分享网站链接的需求，以及更好地在自己的电脑上存储和分类网页标签信息

的需求。上述网站的方法能避免现实世界中资讯过于密集的弊端：将信息完全记在个人脑海中或是存储于本地计算机，并纠结于这些信息究竟该如何归类。没有哪个团队或是软件能够解决这一信息归类的问题——而人类思维的优势在于，他们能将信息编为索引，并将其与他人共享。

"企业标签服务"（The Enterprise Tagging Service）是 IBM 公司推出的一项全球范围的内部网络服务，该服务与传统的搜索引擎不同，它通过向用户提供社交网络标签，使用户能够更容易搜索到整个公司的信息。IBM 公司的全球内部网络用户可以按照自己的描述为信息注明标记，寻找自己提供的标签，搜寻使用相同标签的其他用户，以及搜索与标签内容相关的其他资源。该服务在很多方面有助于用户进行管理控制，除去信息本身的价值之外，还为企业提高生产率节省了约 750 万美元。[①] 通俗分类法避免了直接谈论普遍意义上的分类准则，通过邀请团队以外的人参与信息分类过程，避免了群体思维（groupthink）带来的典型问题——比如，经常在一起工作的一群人往往会对信息有着相似或片面的看法，而这通常会限制创新观点的产生。

除了信息内容之外，IBM 的 Lotus Connections 软件还能使用户对任何系统内的人物注上标签。这赋予了社交网络标签新的目的与作用，并将重点放在了个人特点与技能上。用户可以为自己，也可以为他人添加标签。这可以帮助用户根据某些特定的条件寻找他人，比如根据技能或者个人兴趣爱好等。尽管用户会依据自己的方式为他人添加标签，组合的社会效应会依照相似的技能或其他标签将人们进行分类。因此，接下来就演变成根据社交网络标签找寻他人或者个人技能的过程了。

---

① CIO 杂志编辑，"2008 年冠军简介：IBM"（2008 Winner Profile：IBM），*CIO Magazine*（OnLine）。读者可以通过 www. cio. com/cio100/detail/1840 访问。

社交网络标签已经逐渐成为许多群组导航的工具（比如维基、论坛、内容数据库等）的基础元素，用户通常将其用于创建信息汇总索引。事实上，这也是社交网络标签与非社交网络标签（或者简单点说，就是一般标签）有时候会发生混淆的地方。举个例子，博客用户可以（使用集权式或委托式领导模式）为自己发布的内容创建标签。即使该博客拥有一定数量的访问者，这类标签也不能算作是通俗分类（通俗分类法往往采用蚁群式领导模式）。

不管是信息的搜集创建，还是标注社交网络标签，都趋向于创建在线内容的结构化形式。将搜集到的信息与他人共享，包括添加具体条目（通常就是对信息的描述）、位置以及其他与信息相关的特别内容。社交网络标签与书签之间通常存在简单的联系：它们都是链接到一个或多个网络地址的标签，并且可以选择使用简短的文字对其进行描述。

直接社交网络内容创建

创建自由形式的内容要比使用结构化方法应用社交网络标签更为复杂，其中涉及一系列的子任务：内容撰写、内容格式化、内容编辑、添加资源及相关链接、添加子类别、派生内容及替换内容等。我们很难明确哪里才是一项子任务的结束、另一项子任务的开始，用户可以自主选择是否需要执行所有这些任务，内容的界定是非常主观化的。因此，这些子任务只是作为单一任务简单地汇集在一起。通常情况下，有些用户会相互合作，并人工创建社交网络环境下的内容（见表5.6），这点与非社交网络任务有所区别。

表5.6　社交网络任务——直接社交网络内容创建

任务	直接社交网络内容创建
受益人	所有人
聚合方式	共识型或协商型
社交网络体验	个人、确定的群组及社区
领导模式	集权式、委托式、代表式及海星式

社交网络化信息创建的例子有很多，比如维基百科、谷歌百科、About. com 等。这些网站都允许用户创建任何类别的信息。类似地，维基词典为用户提供免费的在线词典，维基语录为用户提供一系列的引文和语录。

由于有些信息往往是原始内容的从属内容、替代内容或衍生内容，用户在将其拆分时，这些内容本身就属于某一类别。就像维基百科，它维护和管理着某类内容的多个不同版本的信息，但一般认为维基的最终产品只有一类。

Mahalo 是一种人工搜索引擎，同时也是一类社交网络群组，能帮助用户根据任何给定的词组寻找、搜集、分析和补充信息。Mahalo 能够找出用户经常使用的搜索词，并积极为用户提供基于上述词组搜索到的信息。在通俗分类这一社交网络标签方法中，相当广范围内的一部分人都可以为搜集信息作出贡献，而与此不同的是，在这里介绍的这种方法中，只有 Mahalo 的员工有资格筛选和选择上述词组。然后，用户才可以搜索到这些词组，并对此作出回应。[①] 这种靠人工手动得以完成的方法或许没有多少回应，不过，这不一定是件坏事：通过在各大搜索引擎（比如 Google、MSN 以及 Yahoo 等）上搜索，能带动成千上万用户的响应，这还不算大部分根据搜索程度排名前几位的词组搜索到的信息。

衍生社交网络内容生成

其他一些工具则借助各类资源和用户生成衍生的、格式化的内容，这与有些社交网络工具是借助软件分析、由社交网络推荐衍生而来非常类似。举个例子，人物简介生成器可以通过搜索知名社交网站或搜索引擎，来搜索有关某一特定人物的公开信息。从某种程度上说，搜索引擎本身能提供的内容，也是来自网络链接中许多用

---

　① 　Adam L. Penenberg,"Man v. s. Machine"，FastCompany. com（September 2007）.读者可以通过 www. fastcompany. com/magazine/118/man-vs-machine. html 访问。

户提供的内容的衍生产物（见表5.7）。

表5.7 社交网络任务——衍生社交网络内容生成

任务	衍生社交网络内容生成
受益人	所有人
聚合方式	共识型和协商型
社交网络体验	个人及社区
领导模式	集权式

Zoominfo.com为用户提供自动化的人物简介生成服务，它能根据用户输入的任何名称，在互联网上搜索相关的信息，并整合各种渠道来源的信息，从而向用户提供一份完整的介绍。尽管简介的生成是一项自动化过程，但只要人物真实存在，系统就能够创建出关于此人的个人经历。人们可以首先在网站上创建一个用户名，通过身份验证后，便可以开始使用这项服务。该系统的意义在于，它将本就公开的信息集中到一处，创建出人物简介，当然由此也会引发一些道德问题。但无论如何，此处我们仅将其作为自动化系统用于创建社交网络内容的一个案例。

信息筛选

许多用户使用社交网络或是为了搜索来自社交网络圈的特定信息，或是出于某种私人原因。即使用户只与社交网络圈中的单个个体产生联系，这种个人导向的行为动机仍然依赖于社会机制，某些情况下，还能够对他人产生效益：比如，对某一个体有用的问题解决方案也可能适用于其他人。

在Web 1.0时代，诸如论坛这样的社交网络系统，通常会有专人将某一领域的常见问答整理成文档，并将其与其他人共享。这种任务模型一直都存在，但由于社交网络软件的发展速度非常快，如今这类目标搜寻方法变得越来越个性化，并致力于满足每位用户的需求。

达成个人目标的任务模型有许多，包括搜索专家联系方式，得到个性化建议、回答或支持，搜索社交信息等。有些网站实行"给予提交答案的用户奖励"的目标搜寻模型，比如信息搜寻者为他人提供的信息支付奖励积分，然后由群组成员比较所有回复并选出最佳信息，同时给予奖励，也可以由网站本身对最佳回答或者最具借鉴性的信息支付奖励。

社交网络问答系统

与直接从社交圈中寻求个人指导不同的是，社交网络问答系统将来自各类潜在信息源的资料汇总，从而供用户从中挑选。这类系统并不保证信息质量，用户甚至还有可能无法获取任何有价值的信息。不过，这类网站向用户提供了一种旨在为单一目标获取他人观点的途径（见表 5.8）。这种任务模型的成功，离不开广大用户的积极参与。有些网站给出了明确的奖励措施，也有一些网站会提升积极响应的用户的权限。

表 5.8   社交网络任务——社交网络问答系统

任务	社交网络问答系统
受益人	任务参与者
聚合方式	自主型或协商型
社交网络体验	社区、社交网络及集体协作
领导模式	任何模式都有可能，视体验模式而定

许多社交网络都将社区体验应用于这项任务中，这样用户就可以在某一特定社区中提问了。从 20 世纪 80 年代的新闻组（Usenet newsgroups）到如今基于网络的论坛，十几年来，社交网络工具不断更新换代，而讨论区一直被用于社交网络问答系统这项社交网络任务。由于历史悠久，讨论区可能算是使用最多的社交网络工具和任务模型了，并且经常被用于为商家的产品提供支持。一般用户会先在特定论坛上发布问题（论坛主题看上去应该与用户想要搜寻的信息相关），并等待其他成员给出回答。有些时候，论坛成员会给出

多个答案，并就问题解决方案的价值展开争辩。

　　用户还可以使用社交网络或者集体协作体验来完成这项任务。举个例子，LinkedIn 允许用户使用特定的社交网络搜寻关于任何类别问题的答案。不过，用户无法保证自己一定能够得到有用的信息，用户的问题是否能够得到回答很大程度上依赖于他们所能接触到的信息源。雅虎问答就是集体协作的一个例子，用户可以在雅虎问答平台上发布问题，其他用户可以通过该平台提供各自的看法，然后由该用户挑选其认为的最佳答案。Chacha. com 或 KGB. com 这类移动网络工具的模式与之类似：用户使用手机将问题发布到网站①，由社交网络将该问题扩散至群组成员，然后成员们通过搜索和筛选信息，最后将回复以短消息的形式发送至问题发布者的手机中，同时收取少量费用。

小　结

　　尽管我们可以在许多社交论坛上创建和共享内容，这中间包含内容创建、建议提供及信息筛选等相互独立的任务。用户可以亲自完成其中的某些任务，比如内容创建和建议提供。同样的，社交网络软件本身也能向用户提供信息或建议，这些信息或建议往往是基于从社区成员处收集到的信息，而不是直接来自用户输入。信息导航任务主要借助社区成员的集体智慧，筛选出其他用户认为有用的信息。所有这些信息任务将个体反应聚合为经社交网络体验验证的结果，为整个社区带来一定的益处。

　　这类任务的参与程度依赖于人们对社交网络环境与社交网络体验的反应，同时也与领导如何鼓励成员参与有一定的关系。接下来的两章将主要讨论这些话题。

---

　　① 　Chacha. com，*How It Works*（August 2008）. 读者可以通过 http：//answers. chacha. com/? page _ id＝35 访问。

第 6 章

社交网络生态系统与领域

在许多组织中，社交网络环境融合了多种社交网络体验。一些组织还支持多类并行环境，这些环境大多拥有类似的社交网络体验、领导模式和任务模型，只是具体内容有所不同。组织可以在不同环境中运用单一领导模式，也可以针对不同环境运用对应的领导模式。通过明确目标受众以及所有受众来源的社交网络领域，组织可以创建适当的治理准则并塑造合适的文化环境。

以下方法可以用于划分不同的社交网络体验与社交网络环境：

● 实例分组；

● 针对单一实例的多种工具的分组；

● 划分受众和支持不同社交网络领域的参与者（员工、合作伙伴、现有客户、客户代表及股东）。

实例分组

有些社交网络系统中存在多种并行的社交网络环境——每种环境都笼统地称为一个实例（instance）。社交网络生态系统中的每个实例都针对某一特定的目的或不同的用户组。同质的社交网络生态系统（homogenous ecosystem）中存在许多实例，每种实例都拥有相同的社交网络工具集，只是其所有者、领导者、领导方法或主题有所不同。举例来说，社交网站 Wordpress.com 提供了由数千例博客实例组成的同质化社交网络生态系统，每个博客都由博主根据各自不同的目的进行管理，不过这些博客都基于相同的博客应用程序。

在同质的社交网络生态系统中，社交网络环境所有者可以制定自身的社交网络环境，目的在于使社交网络环境与众不同，或是提升群组文化和个性。

通用电气、英特尔和 IBM 等都在公司内部为员工提供复杂的社会计算环境。员工可以根据公司提供的目录了解自身定位、组织结构、兴趣爱好以及其他共享的社交网络信息。上述公司允许社区成员使用维基软件与他人分享不同学科的知识，这样一来，即使拥有这些知识的员工调换岗位或调动工作，人们依然有机会获取知识，从而避免重复收集信息。IBM 公司的员工可以利用企业内部的即时消息和 Web 会议，与其他部门或组织的员工互相交流，并可将其用于替代跨地区与国家之间的长途电话业务。英特尔公司的全球网络项目经理劳里·布切克指出了其他几项企业对社会计算的需求之处：将新员工纳入复杂组织，通过在职培训开展学习以及辅助组织结构调整等。①

通用电气、英特尔和 IBM 等公司的例子都属于异质的社交网络生态系统（heterogeneous ecosystem），其中每一种生态系统的分组和目的都各不相同，并能支持不同种类的社交网络工具和社交网络任务。异质的社交网络生态系统有助于更广范围的交流与社交网络任务的实施，不过条件是需要系统能支持不同的应用和使用这些应用工具。

多租户概念（multitenancy）超越了一般的社交网络生态系统概念。多租户环境可以支持不同的社交网络群组，每一个群组好比"封闭式花园"（walled garden）——游客需要先注册成为会员才可以与群组内的其他用户交流，或浏览群组内容。由于各个"封闭式花园"从本质上来说是相互孤立的，所以，这种方法在社交网络环境间并不共享相同身份、文化、目标或不属于同一组织的条件下才

---

① Laurie Buczek，"Why Intel Is Investing in Social Computing," IT@Intel Blog（13 February 2009）. 读者可以通过 http://communities.intel.com/openport/community/openportit/it/blog/2009/02/13/why-intel-is-investing-in-social-computing 访问。

比较有用。多租户系统可以由存在于单一社交网络生态系统中的许多孤立实例组成，也可以承载多个独立的社交网络生态系统。

目前存在大量的多租户系统，比如 Ning. com 网站和 IBM Lo-tusLive 软件等，都能为每位租户提供整个社交网络生态系统的功能。LotusLive 平台还允许租户向（租用其他社交网络生态系统的）合作伙伴开放部分协作环境，从而保证组织之间的广泛交流。

工具分组

社交网络软件还向用户提供了许多复杂社交网络生态系统与多租户系统环境下的工具。举例来说，所有 IBM LotusLive 系统的租户都能实现网络会议、即时通信、文件共享、标签服务、在群组内搜索专家等各类服务。[①] 不过，每个客户都必须考虑如何以及在何处应用这些工具来完成不同类型的任务。正如本书第 2 章 "分享社交网络体验" 中所述，用户可以在不同的社交网络体验背景下应用同一种社交网络工具，运用不同的领导模式（如第 3 章 "社交网络环境中的领导力" 所述），并执行不同的社交网络任务（如第 4 章 "社交网络任务：合作理念" 和第 5 章 "社交网络任务：创建和管理信息" 所述）。社交网络环境创建者还必须考虑各类工具在社交网络环境中的运用方式。

尽管不同工具能支持多种社交网络体验，这种多功能（multi-function）或多工具（multitool）环境仍然面向整体社交网络成员。与百货公司非常类似，这类社交网络环境能迎合所有客户，满足其所需的各类内容、兴趣和业务。用户可以选择自认为有趣的领域，并与其他人展开互动。有些时候，这意味着在同一社交网络环境中，某一类领域或某一种工具会非常受人欢迎，而另一类则无人问津。

---

① LotusLive 是一类基于 IBM 服务环境的软件/应用服务，主要通过互联网实现客户交付。见 www. lotuslive. com。

GoingOn. com 为所有用户提供了适用于一般用途的多工具或多功能平台，但是它也为特殊行业或普通群组活动提供整体解决方案。[①] 比如，该公司面向各类教育机构的社交网络学习平台解决方案侧重于使用特定的社交网络工具，学生、教师和行政管理人员都可接入这一平台，通过论坛、日历、媒体展示、协作工作小组等形式与他人联系并分享想法。与此类似，第一论坛通信公司（Forum One Communications Corp）旗下的 ProjectSpaces. com 网站也是一类多功能工具环境，该网站的服务主要针对项目协作和项目管理。

GoingOn 网站所提供的多功能工具环境的意义在于，每一类解决方案都对应一个总体目标——比如帮助各类教育机构的学生展开交流与协作——并且有许多工具直接支持这一目标的完成。用户们出于各自的目标在相同的环境下工作，并逐渐发展出共同的文化意识。

划分不同社交网络领域的受众

接下来要考虑的，是社交网络环境中的参与者来自哪个领域以及分组的问题。这是许多企业都比较关心的问题，特别对那些要从社交网络环境中获取信息的企业来说更是如此。在线社交网络体验一般都存在于共享的计算机系统或组织及公共环境的内部网络中。就企业内部而言，社交网络体验可能适用于所有员工，也可能只适用于一小部分员工。在一个组织之外，社交网络体验可能适用于所有网民，也可能面向与组织成员展开协作的选定的合作伙伴。

社交网络领域（social domain）指的是提供社交网络环境的目标受众。所有领域都涉及某种类型的协作，表 6.1 显示了不同类别受众的一些关键特性。表中所列的四类社交网络领域分别展示了企业内部、

① GoingOn 的社交网络学习平台向用户提供各类与教育社区有关的可定制服务，比如可以仅为教师提供支持，也可以为教师和学生提供互动交流的渠道。读者可以通过 www. goingon. com/GoingOn/products. html 访问。

面向公众、跨组织边界以及在第三方网站上可用的社交网络环境。

　　表 6.1 还显示了作为一家私人公司，美国空军知识网络如何借助全球性网络，为美国空军创建了内部物流社区，便于分布在全球各地的组织之间开展交流。同样的，通用电气通过自身的支持中心，为员工提供企业范围内的社会计算服务，从而便于员工创建面向企业内部相同技术、技能或行业（一类实践社区）参与者的各类社区。

表 6.1　　　　　　　　　　不同类型的社交网络领域

社交网络领域	主办者和所有者	受众	协作目标	案例
企业内部领域	单一企业	来自同一企业的员工	员工之间的协作	美国空军知识网络①及通用电气内部的支持中心②。
面向公众领域	单一企业	来自主办者组织的成员及社会公众	主办者组织成员和社会公众之间的协作	SAP 开发者网络③为对自身产品感兴趣的客户和公众提供社交网络环境，供其开展交流。
跨组织边界领域	一家主要主办者组织，以及多位合作伙伴	来自各个组织的成员	仅限于受邀请或有限访问权限环境下的主办者组织与合作伙伴或客户之间的协作	企业利用 IBM LotusLive 或 GoingOn 等软件与各合作伙伴分别举行网络会议，或共享业务内容。
第三方领域	主办者组织与第三方社会机构合作	来自第三方社交网络生态系统的成员	邀请社会公众或某一受欢迎的社交网络生态系统中的成员与主办者开展协作	安永会计师事务所利用 Facebook 社交网站招聘新员工，并已通过这种途径招聘到了 11 000 位员工④。

①　Randy Adkins，"The Air Force Knowledge Network," presented at the Enterprise/Mobile/Social Networking Conference 2008，San Francisco（10 July 2008）.

②　Sukh Garewal，*GE's SupportCentral Collaboration and Workflow Environment*，Office 2.0 Conference，San Francisco（September 2008）.

③　更多关于 SAP 开发者网络的内容，请参见第 2 章。

④　H. Green，"The Water Cooler Is Now on the Web"，BusinessWeek.com（1 October 2007）。读者可以通过 www.businessweek.com/print/magazine/content/07 _ 40/b4052072.htm? chan=mz 访问。

　　本书第 1 章"步步提升的社会计算"中介绍的 SAP 开发者网络为公众提供服务，主要包括由客户、合作伙伴等组成的 IT 人员。销售人员可以使用 IBM 的 LotusLive 系统进行产品展示，并在整个复杂的销售交易过程中保持与客户代表的互动交流。通用汽车公司也利用 Facebook、Edmunds.com 等比较流行的汽车爱好者在线社区吸引用户，并获取来自全球各地市场的不同观点、社会问题及用户对产品的兴趣，从而掌握市场发展趋势、拓宽市场领域。此外，安永会计师事务所鼓励企业员工使用 Facebook，以此作为引入新员工和向外界传达自身组织文化的战略性工具。

　　来自同一家企业的员工很可能拥有相同的组织文化价值观，并且熟悉组织内部结构和公司的运作方式。不过，在跨组织边界的情况下，来自不同组织的成员往往有着不同的行为模式和工作文化，并且其目标和行为动机也各不相同。同样的，与自身组织的员工合作和与合作伙伴成员或客户合作的两种情况下，社交网络环境领导者的工作方式是不同的。

　　组织所处的社交网络环境并不仅限于一种。举例来说，成千上万名员工通过 IBM 全球内部网络相互协作：他们利用 LotusLive、Partnerworld 以及其他一些应用服务与合作伙伴进行合作。另外，他们也利用 IBM 开发者工作组与开发人员、客户和行业专家进行交流。IBM 甚至还利用 Xing、LinkedIn、Facebook 等社交网络来寻找校友和潜在的新员工。

　　社交媒体专家亚伦·斯特劳特建议我们同时使用以下两种方法：成为第三方网站的一员，同时拥有属于自身的个人社交网络。[①] 特别是当有些客户可能已经是第三方网站的一员时，这样能降低吸引这些人加入自身组织的门槛。

----

　　① Aaron Strout and Jennifer Leggio, "Enterprise Communities：Build or Join?" ZD-Net News & Blogs：Jennifer Leggio（23 July 2008）. 读者可以通过 http：//blogs. zdnet. com/feeds/? p=155 访问。

社交网络边界领域确定了社交网络环境治理准则能发挥作用的分界点，比如可接受的行为规则、应用指南等。有些组织制定的涵盖整个领域的政策和指南可能会对领域内的所有社交网络体验都产生影响。这有助于增强工作效率，并使领域内的个别组织或团队创建自身社交网络体验时变得更加简单。

由谁来管理社交网络环境？

虽然社交网络领域对目标受众来说需要具备易访问性，但这并不意味着一定需要软件——这对 IT 资源计划、系统访问以及信息安全水平等都非常重要。在规模较大的组织内部，不同部门往往运用不同的社会计算模式。这尤其能影响组织环境中的权力问题。当社交网络生态系统中存在许多不同的环境，并且每类环境都对应各自的所有者时，这类权力问题同样会出现。

著名分析企业——弗雷斯特研究公司（Forrester Research）的杰里米·欧阳指出了组织采纳和实施社交网络系统的三种常见方法[①]：

● **分散式（"轮胎式"）**——从业务单元到各自独立运行的工作团队，组织需要采纳社交网络系统的地方无处不在。较常见于规模较小的改革部门先于组织整体正式采纳社会计算的情况。

● **集中式或命令式（"塔尖式"）**——整体组织中的中心团队负责管理所有组织活动。该组织已赞成采纳社会计算，但正试图建立对组织事件的控制权。

● **卓越中心式（"中枢和轮辐式"）**——由中心团队确定最佳范例与策略，但实际活动的发生范围遍布整个组织。该组织认为，中心团队能够帮助指导许多独立的活动，以减小个人或团队层次目标和工作风格之间的摩擦，从而形成共同经验。

---

① 见杰里米·欧阳（Jeremiah Owyang）于 2008 年 3 月 18 日关于互联网战略的博客文章，"企业如何应用社交媒体：轮胎式、塔尖式及中枢和轮辐式"。读者可以通过 www.web-strategist.com/blog/2008/03/18/trends-corporate-adoption-of-social-media-tire-tower-and-the-wheel/访问。

部分结论也可以通过在线社区研究网络的调查结果推断出来①（如图 6.1 所示）：33％的社交网络环境所有者认为社区团队是现有部门（主要是市场营销部门）的组成部分，19％认为自己在组织内部拥有独立的团队，18％表示不存在正式的结构，17％的社交网络环境有贯穿整个企业的管理者。

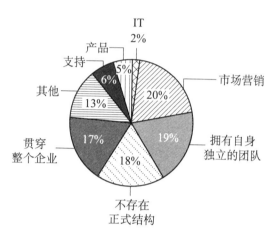

图 6.1 你的社区团队位于何处？

资料来源：第一论坛，《在线社区薪酬调查 2008》，统计人数＝255。

规模较小的组织或社交网络生态系统中参与群组较少的组织可以选择分散式或命令式模式，这两种方法能简化对较小规模组织的管理。不过，随着社会计算的部署范围越来越广，组织应该以平衡的观点看待问题，最终采用卓越中心式。在这种模式下，核心群组（通常由来自跨组织的 IT 支持部门的成员领导）与其他支持社交网络环境的各类群组以及各个部门一同工作。这类群组并不旨在指挥和控制所有社会计算活动，只是作为社会计算的信息源和协调点，因为社会计算已经成为各组织间许多职能领域不可缺少的部分。

---

① 在线社区研究网络（Online Community Research Network，OCRN），《在线社区薪酬调查》（*Online Community Compensation Survey*），来自第一论坛（2008 年 8 月）。该调查报告仅向 OCRN 会员提供，读者可以通过访问 http://ocrn.forumone.com 加入 OCRN。

小　结

如何将多个社交网络环境或受众整合成更大规模的实体，这会对目标受众的互动方式产生影响。社交网络环境领域表明了各个组织中潜在成员来自的领域。身处同一企业的人们可能拥有相同的背景和文化，不过，一旦社交网络环境跨越组织与特定客户之间的边界，上述情况便会发生显著变化。在一个较大规模的社交网络生态系统中，拥有许多单独社交网络环境的实例能使人们自主决定互动领域。另外，社交网络环境还可以结合多种工具和社会计算模式，从而使社交网络成员能从多个角度解决一类问题。最后，涉及社交网络生态系统或采用多种独立社会计算工具的组织最终都将考虑如何分配社交网络任务，并选择使用分散式、集中式或卓越中心式方法。所有这些社交网络领域和管理等方面的因素，都有助于形成社交网络环境的治理策略以及社交网络文化。

第 7 章

构建社交网络文化

　　随着时间的积累，每个组织都会逐渐形成自己特有的文化——包括明确定义的或是心照不宣的，分散的或是联合的等各种类型——只需组织成员的共同努力。组织文化是组织成员及组织员工所珍视的价值观、与其他人合作的行为共识、通用的语言和视觉意象等的综合。

　　不过，主办者组织可以选择是否在社交网络环境中直接表达组织文化，从战略角度出发选择不同的文化取向，或是使文化独立自主发展。举个例子，迪士尼的企鹅俱乐部是一个以儿童为对象的社交网络环境，该俱乐部体现了俱乐部投资者沃尔特·迪士尼公司的"以家庭为中心"的娱乐主题。[①] 其他的社交网络体验可能与母体组织完全不同。索尼在线娱乐的"无尽的任务"（Everquest）游戏以魔法和怪兽构成的虚幻世界为背景，该游戏与索尼公司其他知名的高端时尚技术产品和应用截然不同，但该业务产品同样能为公司带来不少收益。

　　文化对组织来说具有战略价值。一旦群组价值和群体行为与上述战略不相匹配，组织战略和业务流程就有可能引发不良效果甚至导致失败。根据母体组织文化对社交网络环境中成员需求的支持程度，社交网络体验的领导者可以将组织文化应用于社交网络体验中。

---

　　① 企鹅俱乐部是一个以 6～14 岁儿童为对象的非常成功的独立的社交网络环境，该俱乐部于 2007 年被迪士尼公司收购。其成功离不开两者间相似的文化与受众细分。另外，迪士尼还拥有其他社交网络环境与线上游戏：卡通城、加勒比海盗以及 Disneyfairies.com 等。

从社交网络环境的角度看，文化也可以作为组织运行和成熟程度的标志。

辨识、辨析并推动组织文化是社交网络环境的组成部分，并且是社交网络战略和系统健康运行的支撑因素。我们需要区分能够明确组织文化、同时对组织文化起促进作用的因素，并在社交网络体验的背景下考虑这些文化因素。

定义社交网络文化

正如前文所述，组织文化是组织成员的共同价值观（意识形态）、行为共识和社会规范、通用的语言及视觉意象等的综合。此外，拥有相似文化的群组可能通过共同分享故事和轶事来保持群组文化。组织文化元素可以简练归结为以下四个方面（IBIS）：即价值观（ideology）、行为（behavior）、意象（imagery）和讲故事（storytelling）。根据麻省理工学院的退休教授、组织文化的创始人之一埃德加·施因的观点，组织文化元素主要表现为以下三个层面[①]：

● 表象，或者说能识别组织对象、组织结构和组织关系的表面层面，这些表象比较容易观察到，但往往不大容易解释（特别是意象和故事）；

● 信念，或者说与详细阐述组织文化的正式使命陈述、战略、流程和价值观等相关的公开层面（比如组织所奉行的理念、价值观和书面形式的可接受行为共识）；

● 由许多心照不宣的、不成文的规则和概念构成的潜在规则，随时间在成员之间不断累积增强，最终内化（比如不成文的意识形态或可接受行为共识）。

如果社交网络成员能够识别不同层次的文化元素，那么可以说，

[①]　Edgar Schein，*Organizational Culture and Leadership*，3rd ed.（San Francisco：Jossey-Bass，2004）.

该社交网络群组文化在成员心目中是根深蒂固的。社交网络群组的新成员能够发现表象层面的常见故事和理解组织所信奉的信念，但也需要花费一些时间和精力理解群组中的潜在规则。

不论线上线下，任何社区中都存在上述几类层次和元素。社交网络文化因文化定义对象（领导模式）、成员体验方式（社交网络体验）、体验主体（社交网络领域）以及借助网络和辅助软件所能完成的任务（社交网络任务）等方面的不同而不同。

意识形态和价值观

许多社交网站都有明确的主题或活动参与范围，但也有一些并没有形成正式的价值观和意识形态。[①] 通常情况下，价值观本身会随着时间的推移自然产生。在其他一些情况下，组织领导和主办者会在没有明确与其他人交流的情况下，含蓄地表达自己的价值观和态度。

就个人导向的社交网络体验而言，上文提到的态度和价值观往往能够密切反映社交网络体验所有者的个性。就群组导向的社交网络体验模型而言，领导模式往往有助于确定价值观的定义者。

当一种文化能够清晰地勾勒出并共享组织声称的价值观时，潜在社交网络成员就能以此为据，考虑自己是否愿意成为该社交网络群组的一分子。假如组织所拥有的价值观是心照不宣的，潜在社交网络成员就可能需要花费许多时间了解组织，从而决定是否成为该组织的一员。当面对公众环境时，人们往往拥有很多选择，这时，花费时间了解组织文化是特别重要的考虑因素。尽管将心照不宣的价值观转换为公开层面的行为准则并不一定可行，也并不一定可取，但这对明确和提升社交网络成员的凝聚力有所裨益。

有些社交网络成员表面上可能愿意接受组织公开的价值观和态度，不过随后会表达自身隐藏的价值观，并替代上述公开的价值观

---

① 在《组织文化与领导力》一书中，施因将意识形态定义为文化环境的总体基本假设或者是不可解释的及迷信行为的总体合理解释。笔者更倾向于前一种定义。

或与之互补。了解社交群体涉及通过前文所述的态度的角度和框架，来研究潜在层面的价值观和态度。与公开的价值观进行比较，可以使我们更清楚地了解群组的意识形态。

行为和惯例

当人们开始理解并逐渐接受群组的基本价值观和意识形态后，行为共识便开始发挥作用了。就在线体验而言，熟悉社交网络工具的界面以及使用社交网络工具的知识同样能起到一定的作用。上述这些行为能够决定如何以一种社会认可的方式，最大化社交网络工具的功能与特性。

举个例子，许多电子邮件用户都知道，使用全部字母大写的文字表示作者在大喊大叫，这是不可取的。这种特殊的惯例已经演变成为一种电子邮件文化，并且该行为已被互联网和社交网络生态系统所采纳，成为了一种非常普遍的行为模式。其他行为则针对每种社交网络工具的特定功能。一些社会工具开发人员会将特定的社交网络行为纳入工具中，举个例子，有些社交网络工具能使你与朋友的朋友建立联系，而不需要经过初次接触者（也就是你的朋友）的允许。不过，LinkedIn 会要求用户先向朋友发送请求，并且可以视情况发送一条关于为什么要与这位朋友的朋友建立联系的原因。这些社交网络工具定义了可被接受的社交网络行为，同时减少了社交网络成员遵守这些行为所需要付出的时间和精力。在前面的两个例子中，可接受社交网络行为由于缺乏定义，而引发了社交网络成员偏好与群组偏好两者之间的冲突。

特别是在职业场合和私人场合等情况下，不同文化之间的冲突很有可能令人震惊。杜克大学教授、《怪诞行为学》一书的作者丹·艾瑞利就提出了一个有趣的例子。[①] 虽然一般情况下，在餐厅进餐后付钱是件很普通的事，但是，当父母或兄弟姐妹邀请你共度感恩节

---

① Dan Ariely, *Predictably Irrational：The Hidden Forces That Shape Our Decisions* (New York：HarperCollins, 2008).

或共进节日晚餐时，如果你争着付钱，就会被认为是对父母或兄弟姐妹的一种侮辱——即使你送的礼物花了钱，这也是不合适的。在一种文化环境中可接受的行为共识，在另一种文化环境中很有可能不被接受。

如果每种社交网络环境或社交网络生态系统都拥有各自可接受的行为，那么人们如何掌握其中的规则呢？这又回到了前文提到的公开的与心照不宣的潜规则文化元素。节日晚餐的例子可能并未涉及任何书面的规则，也就是说，是一种心照不宣的文化。只有当其他人礼貌地指出或是指责时，人们才有可能明白究竟是怎么回事。当人们并未表现出过激行为时，这种类型的负面强化能起到一定的作用。正面强化和负面强化（正式或非正式的）还能用于指导新的社交网络成员。

对可接受行为共识的描述一般可以借助用户手册、新用户指南、最佳实践等方式，并同时阐述积极和消极的行为。上述这些文本是必不可少的，因为随着社交网络成员规模的不断扩大，成员与成员之间的距离越来越远，通过向其他成员学习也将变得越来越困难。

在线环境有时会提供沙盒*或一块指定的区域，初学者（环境中的新成员）可以在这片区域中试用社交网络工具，从而基本上杜绝不当行为可能造成的后果。另外，这种方法也能减少其他社交网络成员对新用户的不满。

一些频繁发生的可接受行为共识最终可能会演变成为社交网络成员遵循的惯例。惯例一般出现于常规或特殊场合中，同时也是社交网络体验的一部分。惯例可以简单到仅指博主在博客上发表自己个人体验的频率等，也可以涉及（虚拟或现实中的）社交网络成员年度聚会等由许多活动和会议构成的比较复杂的活动。

---

* 沙盒（sandbox）：指为一些来源不可信，具备破坏力或无法判定意图的程序提供的试验环境。军事上的沙盘推演用于作战演练、模拟与指挥。——译者注

个人惯例主要取决于社交网络实例和社交网络工具。最常见的惯例表现为，返回查看或链接到某个社交网络实例，以了解最新信息或是查看成员间的互动关系。一旦用户设定了一个固定的时间来执行某项社交网络任务——不论是每周的固定时间、午餐之后、或是晚上——我们就可以说这位用户形成了一种个人惯例。回应他人的评论与在网上发表自己的想法同样重要。这些是最基本的惯例，但是也是鼓励用户之间展开积极交流的重要因素，因为它们能提升用户的使命感，并有助于建立用户之间更加密切的联系。

社区管理可能需要领导者进行一定的规划和准备。另外，社交网络成员也需要花费许多时间来规划和准备群组活动——依照其自身的惯例——因为群组活动离不开所有成员的参与。从本质上来说，这些管理都是关于如何执行某项社交网络任务的最佳实践。领导者需要清楚什么时候运用这些做法、需要哪些资源、需要哪些成员参与以及如何采取行动。

意象

意象是指与社区相关的视觉和听觉概念的综合，包括商标、徽章、图标、术语或行话、声音片段或铃声甚至统一的着装等。意象的其他要素更多侧重于行动导向，可以是物理的，也可以是虚拟的，比如手势、握手、舞蹈动作等。

意象能够帮助建立一个社区的故事或文化背景，它能够为共享形象和意识形态的其他成员或非成员提供线索，也能够作为其他人访问的一个入口。

人们倾向于以视觉为导向，频繁面对相同的意象能够帮助他们快速识别出这些意象或这些意象的部分内容。营销群体已经将其作为品牌开发和品牌理论的一大要素。类似的，社交网站和社区也可以将这些意象作为成员认同组织或彼此认同的工具。

- **商标**——共享的视觉影像能够直接与特定社区产生联系。
- **可展示或富有表现力的虚拟商品**——虚拟商品能够装点用户头

像或空间。它们可以是现实物品的虚拟对应物（比如服装、家具、汽车、艺术品、海报等），也可以是综合信息或者可供互动的网页元素。

● **网络社交行为**——与情感价值相关的成员间的虚拟礼物可以是普通的，也可以是稀有的。可以是现实世界中对应的物品（比如贺卡、鲜花或装饰物），也可以仅存在于虚拟世界中（比如在线游戏的特殊装备）。

● **奖励徽章**——当社交网络成员完成某项任务或测试时，可以授予对应的奖项。

另一种能够建立社交网络系统意象和象征的文化产品是成员所使用的语言和表达。当成员试图描述同对应社交群体相关的环境、处境、感受、话题或活动时，容易出现新的词汇。正如其他的文化元素那样，领导者和影响者也可能会从其他的文化和社交群体中引入他们的词汇和表达。特定社交网络环境中独特的、原始的语言和表达能够更好地显示本地文化的成长。

表面上，组织中的行话能够帮助成员更快地同其他人交流，这些行话可以是用来描述一个同组织相关的更复杂概念的动词、名词或形容词。举例来说，在 Facebook 上，戳（poking）或被戳（getting poked）表明你正为另一个成员所注意，而且"戳"本身的种类已发展成一套完整系列的情感。有些行话或意象如此迅速地从原有的社交群体中扩展开来，以至其在其他地方也成了一种常见术语，比如各种情感符号或微笑表情，它们最初是作为电子邮件中快速交流感受的方式而存在的。如今，随着电子邮件的普及，人们几乎都能够识别出这样的表情符号。

实际上，语言能够帮助定义关系的边界，如果你不能理解其中的含义，那你就不是真正存在于一个群体中，可以说，它是同群体保持一致的分界点和强化因素。由于缺乏利用身体语言的直接视觉提示或表达，这种语言意象在在线群体中变得愈发重要。即使照片和视频在社交网络系统中已经十分普遍，但在现实生活中见面的成员依然感到忧虑，而这种忧虑恰恰可以通过使用相同的语言快速消弭。意象本身能够作为有关成员间共同渊源和价值故事的基础，而了解这些意象背后的故事能够进一步唤醒群体文化的自觉。

讲故事

故事，能够将所有的文化要素和事物汇集到一起，它能够将平凡的想法转变为难忘的经历呈现给读者和听众，并嵌入共同的愿景和社会知识、教学技能，或描述出具体策略。[①] 一个精心策划的故事可以在全面的叙述中嵌入特定的文化特性，比如可接受行为、确定的价值观或意象。当听众对故事中的角色、文化特性和想法逐渐建立情感联系时，他们也在学习具体环境中的文化元素。

故事，还代表着一种向他人描述社交网络体验的可能方式。一个社交网络环境可能会由于太过复杂而令人难以理解，但分享一个相关的故事有助于人们理解这种环境，表达对应体验对于商业经历、主办者和潜在成员的各自价值。故事能够帮助具有不同来源、不同目标和不同社交网络文化的成员集合起来，使他们拥有一致的社交网络体验。因而，一种社交网络体验中的成员多样性越显著，就越需要以讲故事作为一种关系绑定的因素。

史蒂芬·丹宁在《领导者的讲故事指南》一书中提出，我们应该利用讲故事，创造围绕商业目标的故事，其中的商业目标包括引发行动、传递价值、促进合作、扼制谣言、创建并强化品牌等。[②] 相对于白纸黑字的数据和过程导向的商业细节，故事能够帮助听众同故事中所描述的更多彩的世界建立一种联系。《在匿名的香蕉为什么

[①]　Walter Swap, Dorothy Leonard, Mimi Shields and Lisa C. Abrams, "Using Mentoring and Storytelling to Transfer Knowledge in the Workplace," *Journal of Management Information Systems* 18, no. 1 (Summer 2001): 95–114.

[②]　Stephen Denning, *The Leader's Guide to Storytelling* (San Francisco: Jossey-Bass/John Wiley&Sons, 2005). 该书是帮助企业领导通过讲故事向组织成员有效传达思想、价值观及命令的极佳资源。

不热销》一书中①，罗西特·巴格瓦强调一个故事必须具备以下特征：

● **它是独特的吗？** 指故事是否包含某些人们以前没有遇见过或想到过的内容。

● **它是可被谈论的吗？** 指故事是否能够为人们进一步的讨论提供基础。

《匿名的香蕉为什么不热销》和《蜂鸣营销：让人们谈论你的员工》② 两本书中都指出，讲故事能够在社交网络中发挥很好的作用。

社交网络环境的文化和成熟

随着时间的流逝和文化的逐渐成熟，文化特性及其公开和潜在的价值会在群体中日益显现。一个发展出复杂文化特征的社交群体意味着一个更成熟的群体，为了创造共享的身份和目标，群体成员会在不同的情境中进行更明确的交互活动。反之，文化要素的缺失意味着社交群体的涣散或参与度的缺乏。这可以作为检验社交群体忠诚度的一个主要因素。所谓社交群体忠诚度是指接受该群体的见解，并与群体价值保持一致。因此，通过识别成员的忠诚度，文化特性能够作为评价一个社交群体健康程度和进步程度的关键组成部分（详见第 8 章"鼓励社交网络成员参与活动"）。

由社交网络体验模型、领导模式、社交网络任务和环境组成的社交网络体系结构要素能够直接或潜在地构建文化，通过选择这些元素，你便可以选择或支持一种特定的价值或行为集合。

社交网络中的文化影响

正如我们在本章开头所提到的那样，社交网络环境的文化不需

---

① Rohit Bhargava, *Personality Not Included* (New York: McGraw-Hill, 2008).

② Mark Hughes, *Buzzmarketing: Getting People to Talk About Your Stuff* (New York: Portfolio Trade Books, 2008).

要同主办者组织本身的文化完全一致，相反，基于各方面的考虑，两者必须相互区别以适应不同的战略方向。然而，社交网络体系结构要素能够使社交网络环境倾向于一组特定的文化要素集合，或要求领导者和主办者从一系列选项中选出某一要素集合。了解这些倾向，能够帮助我们发现一个特定的社交网络体系结构如何与一种战略需求更好地匹配，其中需要考虑的四个关键要素是：社交网络体验、领导模式、社交网络任务和社交网络环境。

社交网络体验模型如何影响文化？

根据所需定义的数量和相关文化特性的类型，社交网络体验模型对于构建文化提出了不同的方法要求。表 7.1 显示了 IBIS 的不同组成部分如何影响每种社交网络体验模型。这也可以作为文化维度的参考项，为领导者寻找并收集不同类型的元素提供建议，尤其是在文化奖励方面（比如，组织中有多少人能够识别官方标识或者遵循特定的惯例）。

表 7.1　　　　　　对应于每种社交网络体验模型的 IBIS 模型

	意识形态	行为和惯例	意象	讲故事
个体	非正式地描述个人价值观及世界观。	成员发帖或讨论的频率成为一种惯例；个体有脱颖而出的独特惯例；可接受行为具有典型临时性。	包括个人照片、话题、活动，以及奖励徽章、会员身份和奖品。	当个体作为主角时，讲故事的可能性比较大。
社交网络	非正式地向网络成员描述兴趣和价值观。	可接受行为通常是临时性的，并与社交网络中的每个成员都相关；成员之间会定期或偶尔进行交流。	包括个人照片、话题、活动以及奖励徽章、会员身份和奖品。	当个体作为主角时，讲故事的可能性比较大；特殊事件和活动的故事会被特定的成员所分享。

续前表

	意识形态	行为和惯例	意象	讲故事
封闭式群组	关注于目标，并确定基本价值观或实现目标的方式。	成员在一个基本的沟通过程或阶段行动上达成一致；可接受行为可以是计划好的，也可以是临时的；定期会议或互动次数都是预先定好的，哪怕只是状态的更新。	可视化意象越相关，该群组的规模就会越大，也会越正式。	来自成员的更新是共享的，并主要关注于那些可能对其他成员有用的想法；初始的故事和目的始终以简练的形式展现。
可见式群组	同上。但是一些群组在内部所选择或展现的意识形态可能会不同于展现在外部的意识形态。	同上。但是一些群组在内部所选择或展现的行为可能会不同于展现在外部的行为。	同上。但是一些群组在内部所选择或展现的意象可能会不同于展现在外部的意象。	同上。但是一些群组在内部所选择或展现的故事可能会不同于展现在外部的故事。
社区	一些共同认同的价值有助于将潜在新成员集中起来。	指导方针和政策能够帮助定义可接受行为；并不是每个人都能参加定期公开会议，但是它还是能帮助建立成员的忠诚度；领导者参加有关成员地位的定期讨论。	奖励包括标志、奖品或徽章系统，以及对其对应含义的解释；领导者和成员代表的照片和个人档案可以被分享。	存在许多讲故事的可能性，包括源起、活动、会议、事件、奖品、新成员、成功故事和成员代表。
集体协作	一些共同信奉的价值有助于将潜在新成员集中起来。	有关如何协作和利用可用工具的指导是必要的；可接受行为可以通过工具正式化或结构化。	除了协作之外，可识别的标志或图标能够得到共享。	成功故事和亮点集中于最近分享的活动或成就。

表 7.1 没有考虑个体体验，这主要是因为除了组织所提供的以外，几乎不存在不同于此视角的文化。个体体验非正式地构建着围绕思想、习惯和所有者体验的故事的文化。在个人的社交网络中，意识形态和故事依然集中于所有者层面，但是他们需要考虑在网络之中每一种合适的连接方法。在封闭式和可见式群组中，核心成员通过长时间的行动构建文化要素。社区的核心领导力通常可以形成文化，然而，由于这些领导者可能是社区中的任何成员，因此实际的个体、价值、行为和故事会随着时间发生变化。集体协作通常能将可接受行为标准化为一个可控参数的固定集合，但是其他的元素却会随着成员身份不断改变，在主题和内容方面发生巨大的变化。

社交网络领导模式如何影响文化？

社交网络体验的领导模式能够对领导者影响群体文化的方式，以及文化产物的构建、传播或强化方式产生影响（见表 7.2）。领导者的关键作用在于放大群体价值。在倾向于体验控制的集权式或委托式模式中，领导者可以设置能够产生其他文化要素的价值和意识形态。

即使领导者和影响者能够在文化价值和文化产物的创造中拥有强势话语权，也并不意味着成员一定会接受或采纳他们的意见。成员依然能够自主选择反对或忽视该文化。有趣的是，对文化极端的赞同或反对能够吸引更多的关注。举例来说，一个有关枪支持有权的公共论坛往往能同时吸引那些狂热支持者和坚决反对者。这种现象在所有的领导模式中都可以找到，但是，谁会影响文化的方向则会根据具体问题而有所变化。

根据表 7.2 所给出的不同领导模式对文化创建的影响可见，随着这种影响力被更广泛地传播，任何人想要不通过与他人的合作就指挥或改变文化方向，将会变得越来越困难。领导者对于他们所选择的文化要素具有较大的强化作用，这会使会员资格的推广力度更大。要避免不清晰的表述或弱化的价值定义所带来的文化缺陷——这是领导者的责任。

表 7.2   领导模式对于文化创建的影响

	定义文化	成员与文化的一致性	传播文化
集权式	领导者决定方向，因而也具有表达文化的力量；领导者可能会从成员那里获得建议。	由于成员对方向几乎没有发言权，因此增长依赖于成员对这种文化的喜爱程度和接受程度。	领导者对扩散和强化文化负有主要责任。
委托式	委托领导者决定方向，因而也具有表达文化的力量；领导者可能会从成员那里获得建议。	由于成员对方向几乎没有发言权，因此增长依赖于成员对这种文化的喜爱程度和接受程度，尽管他们对谁来做委托领导者可能有其他的选择。	委托领导者在他们所负责领域或群组内，负有扩散和强化文化的主要责任。
代表式	领导力确认或文化的采纳基于成员的输入。	强文化依赖于成员定义和领导者集中的价值和文化，以及对这种强文化的认同和坚持。	领导者和成员可以在传播文化时享有平等地位，尽管领导者可能需要强化文化并证明文化的正当性。
海星式	每个子社区都可以在保持核心原则和社交网络体验共享价值的同时，建立本地文化。	成员接受整体文化原则，但可以自主适应本地文化，同时平衡自主与共享焦点的不同。	成员强化并证明相互间文化的正当性。
蚁群式	体验的创造者经常基于社交网络工具的特征，为文化奠定基础。	整体文化需要足够简练以吸引大批受众，因为成员可以自行做决定。	文化传播作为体验参与的一部分，或产生于成员引入其他人参与的过程中。

社交网络任务如何影响文化价值？

所有的工作都可以定义一组价值。越多的人忠诚于一项活动，这些价值就越容易成为他们共同认同的东西。救援人员和消防员在每次出发时经常会面临完全不同的情境，这就要求他们能够根据他们对于形势的实际分析来应用不同的规程。其他工作，比如流水线上的汽车装配工，均需要较高水平的一致性。即使具有竞争关系的公司，按照一定的工业标准进行合作也是其共同的价值取向。

类似的，在线社交网络环境中的每一项任务都会赋予参与者价值，甚至需要参与者在开始相互作用之前就设定一组共享的文化价值。成员会在更频繁地参与时认识到这些价值，并身处于能够表达或强化这些价值的情境。

一些任务可能会带来多种可能性，由成员或领导者选择他们的一系列价值。举例来说，主办者可能希望社交群体关注于短期目标，以作为社交网络头脑风暴任务的一部分，但是在其他的情境中，人们更关注长期目标。

这些选择也可能把握在成员自己手中，比如，加入社交网络头脑风暴的一些人可能只是希望运用单纯的、理性的逻辑，而其他人则选择鼓励人们选择自己的想法。在这种情况中，甚至会有抵牾默认价值的情况。比如，社交网络头脑风暴将人们的观点划分为对立的两类，但这并未排除这样一种可能性，即针对某一特定想法，人们可能更倾向于合作。

小　结

作为社交网络环境一个不可分割的部分，文化可以存在于表象或公开的层次，也可以隐藏在成员心照不宣的共同行为之中，它是一个社交网络群体共享的意识形态和价值、行为和惯例、意象以及故事的集合。作为一个概念，文化可以被不断发展，但在最初，需要首先被理解、认同，识别群体的态度和价值能够帮助了解潜在用户的文化身份；理解一个社交网络实例的文化及其价值取向，可以帮助潜在用户考虑该文化是否适合他们。

成员来自哪里？领导模式、社交网络体验模型和社交网络任务的类型，可以预先决定群体成员的价值取向和共同爱好、需求。文化因素也同时贡献于考量和策略。接下来，我们需要看看文化是如何贡献于所涉成员、并成为一种测量社交网络体验归属感的方式的。

第 8 章 ——————————————————————

鼓励社交网络成员参与活动

社交网络的成员是否能够接纳其所处环境的文化，很大程度上取决于其对周围环境的归属感。当观察社交网络成员积极分享、争论、评判其思想的时候，这种归属感是可感知的。然而，上述情形一般只是容易观察到的、存在于文化表层的假象。它并不能识别出对社交网络群组的更深层次的归属感。想要全面理解归属感，需要考察其成员是否理解社交网络的发展愿景，还要看成员的价值观是否与群组的价值观一致。

成员对归属感的感受和表现可以反映出他们对社交网络环境的认同感。有了在线社交网络环境软件的支持，就有可能描述其成员从事的活动。其他如调查和民意测验等工具，也可以帮助成员确定归属感。所有这些工具都能够帮助我们辨别出同一环境下、不同社交网络群组中的成员们各自的认同程度。了解这种分布有助于我们观察社会大众是如何形成一个社区或群组的，这是完成社交网络任务的一种保证因素。

归属感与认同感

社交网络环境的构建依赖于成员在活动中的参与，或者在这些人成为环境特定成员之前已经设定好的社交网络任务。然而，参与的程度又取决于他们对所处的群组目标的归属感和认同感。完成某些社交网络任务需要具备高度的认同感，这样才能达到与群体一致的思想状态，从而得以完成这些任务（见图 8.1）。在其他一些情况下，了解认同感的程度对于完成社交网络群组的商业目的是至关重要的，例如为了吸引新消费者购买产品或者招募粉丝用户。因此，我们需要找到能够识别社交网络成员对所处的社交网络群组目标的归属感和认同感的方法。

艾蒂安·威戈①是一位社交网络环境领域非常著名的研究者。他认为归属感具有三种模式：认知、保持一致和参与。第一种模式表明其成员是否可以领会社会愿景所体现的内容：即什么是可能的或者是重要的（"我看到你看到的"）。第二种模式表明其成员的价值观是否与社交网络环境的文化与目标相一致（"赞成，这就是处理这件事的方式"）。第三种模式表明社交网络成员是否参与到社交网络群组的活动中（"我正努力实现它"）。来看一个现实社会中的例子：在选举中，当投票人考虑将选票投给某个候选人时，他们肯定会考虑候选人在重要问题上的看法是否与自己一致，然后考虑候选人的目标与实现方式是否符合自己的想法。如果这种匹配度足够强，他们甚至会亲自参与候选活动或者替候选人进行宣传。

在每一种模式下，你都可以有不同程度的归属感。人们也许能够认知某个概念或理念（例如，像太阳能之类的绿色能源概念），但是他们不必非要赞同（保持一致）或者实践这个概念（参与）。他们当然也可以认同这样的理念（例如成为替代能源的支持者），或者参与这种理念的实现（例如在自家使用太阳能），但社交网络成员不必完全领悟这一理念的愿景。他们还可以在不支持或者不赞同这种理念的情况下，参与这种理念的实践活动（例如，成为生产绿色能源的电力公司的用户）。

对某一理念的支持需要定义有关未来目标或情境的社会愿景，并将其传播出去，同时还需要设计一种每个成员都能了解该愿景的

---

① Etienne Wenger, *Communities of Practice: Learning, Meaning, and Identity* (Boston: Cambridge University Press, 1998).

策略。此外，还需要向社交网络群组及其每个成员清晰阐述愿景的价值。其中一种方式是，根据该社会愿景勾勒出这种情境下社交网络成员工作和生活的一般场景。

成功描述社交网络环境的愿景能够满足潜在成员的需求。社交网络成员是其所在环境的利益攸关者，因此，愿景需要满足这些利益攸关者的需求，为他们带去直接利益。认知还包括驱动社交网络成员朝社会愿景努力的价值观。本书第 7 章"构建社交网络文化"主要描述了价值观如何使社交网络成员与社交网络目标保持一致。

在这三种模式的归属感中，最常见的是成员的活动参与程度。在社会计算中，活动参与程度是最容易观察到的内容或人与人之间的交往行为，系统可以自动将其记录下来。

需要注意的是，不要仅用活动参与程度和参与行为本身来衡量归属感。正如之前所描述的，在不同模式的归属感下，成员虽然参与了活动，但是对于系统来说，这并不能完全代表其成员的认同感。活动（参与），社会愿景认同程度的衡量（保持一致），价值观的统一（认知），这三者需要平衡。通过调查，你可以找到其他衡量尺度的资料（见第 10 章"衡量社交网络环境"）。

创建识别认同感的模式

由于构建社交网络环境的方法有很多，这里我们使用一般框架来描述不同层次的认同感。你可能需要将这种一般框架转变为特殊框架，以适应社交网络系统的具体情境和数据类型。这些数据可以通过社交网络软件系统，从所有社交网络成员那里收集得到。一种简单的方式是让社交网络成员自己报告他们的认同感水平。可惜的是，采用自我报告这一方式来测定认同感水平存在固有缺陷。也就是说，只有那些少数愿意倾诉的、或者寻求被关注的人才会主动报告。自我报告可能是有用的，但是需要与其他识别方式相配合。第二个问题是，以某种方式来验证社交网络成员的认同感水平，比如可以通过让他们完成被认为是具有一定成就性的任务来验证他们的认同感。

如果你所在的社交网络环境具备上述特性，并且可以将个体活动归类到每个特性下，那么就可以建立认同感的衡量尺度。然而，收集可以辨别个体活动的相关信息的行为是富有争议的，这些行为在某些国家并不受欢迎，甚至是非法的。

观察整个社交网络群组总体的衡量尺度，要求能够识别出整体趋势而不是个体行为的琐碎数据。然而，你仍然可以将认同感划分成不同的水平，并在相应认同感水平下，观察特定活动类型的实施者，同时也可以将总体行为的数据应用于具体框架。

在图 8.1 中，金字塔的不同高度代表了整个社交网络群组不同的认同感水平。每一层代表一种可衡量行为的特定剖面图，表示相应社交网络群组的认同感水平。这一模型①是基于亚伯拉罕·马斯洛的人本主义心理学理论提出的。他的理论对研究人类行为的相关学科有较大影响。马斯洛的需求层次论②描述了当人们较低层次的需求得到充分满足时，人们在其他需求层次中将如何表现。马斯洛的需求层次论始于最基本的生理需求，例如呼吸、食物、水、保暖。当这一层次的需求得到满足时，人们更倾向于关注下一层的需求：安全的需求。然后沿着金字塔逐渐向上不断发展，在这一过程中，每一层都需要下层提供的安全感和信心：爱、情感和归属感的需求，尊重的需求，自我实现的需求（引导他们思考道德、精神，以及追求更高目标的问题）。

在在线社交网络环境中，我们可以假设个人的生理需求和安全感都已得到满足，然后开始建立与其他人的关系网络。因此，这种模型关注的是不同层次的安全感需求：

---

　① 这种方式也来自于 Art Gould 的思想。他是 AMD 公司的前任社区管理者。他在 2007 年 "Evans 数据开发商关系大会" 上提出该思想。应用马斯洛需求层次论模型的思想并不是独特的，很多其他社会计算领域的领导者也表达过这一观点。

　② Abraham H. Maslow, *Toward a Psychology of Being*, 3rd ed. （New York: John Wiley&Sons, 1999）.

图 8.1　自我认同感的一般框架

● **仅满足于在线工具的使用**——不是每个人都能适应在线工作，并与别人在线交流。对于从小就使用这些工具的人来说，这也许听起来有些奇怪。但是的确有非常多的使用者很少通过网络与别人交流。这类很少使用在线工具的群体必须克服这种困难，并建立对社交网络环境的认同感。

● **最低程度参与**——这种使用者只关注自身能在网站上找到的内容，但是他们不会主动为网站添加任何其他内容作为网站资源，或者将内容分享给其他社交网络成员。

● **参与和学习**——这部分社交网络成员比较熟悉社交网络环境，或者经常向网络回馈更多的资源。他们开始与其他社交网络成员相互交流，询问问题和发表看法。他们中的很多人会花时间去尝试更好地理解文化、学习或者认同领导者，对目标发问。

● **关系与归属感**——这部分社交网络成员已经与其他许多成员建立了关系，并且以定期的形式（自己定义的）与小组展开交流。他们理解该文化的基础，了解部分领导者，也许也会参与一些活动，但是还没有完成适应成为领导者或者成为众所周知的领导者。

● **寻求认可**——一些社交网络成员也许更加感兴趣于积极参与

社交网络实践，并且热衷于寻求成为某些被大众认可的活动的领导者。这些人往往是一些最活跃的社交网络成员，经常参与或者领导群体活动，并积极构建或者加强社交网络关系。

● **利他主义**——被公认为领导者的最高一层的社交网络成员，要么是因为他们对社交网络活动的历史贡献，要么是因为他们已经成为其他领域的领导者（不止在个人社交网络，甚至在整个社交网络环境中）。他们有成为杰出领导者的潜力，但是他们也许无法参与到每项活动中。因为整个社区非常需要他们，这使得他们分身乏术。

不同认同感水平下的行为标志取决于社交网络环境的设计，表8.1 展示了一些常见的例子以表明归属感是如何被识别的。

表 8.1　　　　　　　　　　不同认同感水平的标志

认同感水平	参与	认知	保持一致
仅满足于在线工具的使用	很少或者不使用社交工具（通过调查发现）。	不认同或者没有认识到社交工具的目的或社会愿景。	很少或者没有展现对价值观的认同。
最低程度参与	对社交网络环境基本熟悉，但只是偶尔访问（通过调查发现）。	展现低水平的社会愿景认同。	很少或者没有展现对价值观的认同。
参与和学习	形成社交网络关系，有所发现或者会评价内容。	展现中等水平的社会愿景认同。	展现对价值观中等程度的认同；并不交流对价值观的不认同。
关系与归属感	参与社交网络活动；会对其他人发布的内容发表看法；散播内容。	展现高水平的社会愿景认同。	展现高水平的价值观的认同；使用者也许会寻求一些指导来帮助他们理解自己所不赞同的价值观。

续前表

认同感水平	参与	认知	保持一致
寻求认可	积极参与很多社交网络活动和人际行为；贡献一些质量较高的内容；创建或者领导社交网络活动；对他人的需要积极回应。	展现高水平的社会愿景认同；对社会愿景的发展有贡献。	展现高水平的价值观认同或者公开分享他们对价值观的不同看法；与他人交流价值观；应用或者促进所信奉的文化和成果。
利他主义	领导社交网络活动，指导其他人；吸引需要帮助的人；经常在谈话中被引述或提及；贡献高质量的内容。	展现高水平的社会愿景认同；领导或者定义社交愿景，或者对社会愿景的发展有贡献。	展现高水平的价值观认同或者公开分享他们对价值观的不同看法；与他人交流价值观；应用或者促进所信奉的文化和成果。

　　尽管图 8.1 所示的"金字塔"也许暗示出一种通过认同感水平而不断上升的需要，但是这不一定适用于所有社交网络成员。我们应该考虑人口分布，这种人口分布类似于图中不同层次的规模。

　　图 8.1（图的左边部分）同样描述了可以划分到不同社交网络任务类型的各个水平范围的认同感。例如，如果社交网络成员认为自己可以得到一些回应，那么，在很多社交网络环境下，对信息或者帮助的要求都是很容易实现的。周围抱有同样心态的人或者能够解决问题的专家通常会鼓励人们最低程度地参与。这并不意味着他们的要求能够得到回应，但是，通过这一渠道获取帮助的可能性还是存在的。

　　对于社交网络群组，或者一个社区内部，如果想要实现自给自足，并且可以对社区内大部分问题给出响应，那么培养一些对社区抱有更高程度认同感的成员是必要的——特别是需要有一群带有强烈归属感、并且能够通过向他人提供帮助获得社交网络认可的成员。这个社交网络群组需要那些愿意重视他人诉求、能够以自我激励的方式花时间考虑这些问题、并提供自己观点的人。

当社交网络成员开始具备更高层次的认同感时，也就表明了该社交网络环境中社交网络成员关系的逐渐成熟。

在生命周期内成熟

不同层次的认同感水平提供了一种了解社交网络群组中社交网络成员关系的形成、演化的途径。这种关系从孕育到衰亡，经历了很多阶段。带着这种变化性的战略观点，我们可以更容易地规划并识别出社交网络成员的需求。在一个社交网络生态系统或是具有很多相似特性的社交网络环境集合体中，理解成熟性这一概念有助于领导者开发一套监管、比较不同集合体中的社交网络群组发展状况的方法。

很多社交网络群组领导者或者社交网络战略师经常提到：任何社交网络群组最终都会在某个时间点成熟。在这一阶段，社交网络群组自给自足而且生产效率最高。生命周期的成熟性是用来描述达到这种生产率的合适条件而不是时间。考察图 8.1 的左边部分，它表明了同一社交网络群组中的不同行为是依赖于特定认同感水平的社交网络成员的。表 8.2 中的生命周期成熟度描述了用户开始产生认同感水平的各种阶段。表 8.2 同样有助于领导者决定他们的行动方案，以进一步推动社交网络群组的成熟。

表 8.1 提供了一种方法来识别社交网络群组中具有不同认同感水平的社交网络成员的比率，而成熟度框架则描述了通过将生命周期分解为几个可观察的阶段，所得到的具体比率（见表 8.2）。成熟度生命周期不仅可以用来观察社交网络成员的认同感水平，而且还可以用来观察他们的文化、行为和社交网络结构。

不论社交网络生态系统中所有的社交网络活动都会根据一类共同模式去演化是不是有定论，生命周期这一思想却并不新奇。知识管理机构（The Institute of Knowledge Management，IKM）已经识别出社区实践的不同阶段，即社交网络环境的特定模式，并以一幅随时间推移而形成的图表来展示，尽管这种方式不是很精确。①

衡量尺度提供了一些回顾（结果）或者展望（以决定战略）的方法。生命周期模型可以作为一种预测性的工具来提供指导。预测对很多人来说是一种积极的习惯，但其实它至多也就是一种凭经验所作的猜测。这种经验可以按如下方式获取：通过观察其他具有相似类型的社交网络活动以寻找相似性，并借此来确定自身的生命周期阶段。

生命周期阶段这一方法可以帮助领导者决定实施用于关注特定社交网络活动的行为。早期也许需要更注重于社交网络关系的建立以及关键人物的招募，而在后期则应该强调任务的完整性以及让社交网络成员对其他成员进行指导。表 8.2 显示的生命周期衰亡期表明离开这一群体的社交网络成员数量大于正常的人员流动数量。当这一情况发生时，领导必须调查该现象背后的原因，以确定其成员是否正与其他社交网络群组发生融合或者转移到其他社交网络中，又或者是因为某一不正常情况的发生（例如关键影响者、领导者的流失，不稳定性，成员间意见不统一等）。

表 8.2   社交网络环境成熟度的示意框架

	孕育期	原始期	新生期	活跃期	成熟期	衰亡期
描述	社交网络环境建立之前，主办者有计划地设计或者使原始内容在实例中流行起来。	紧跟社交网络环境建立之后，社交网络实例对成员开放，即使只是试验项目的一部分。	一些社交网络成员持续回归，社交网络关系开始形成。	社交网络成员彼此之间积极交流，并参与到任务中。	社交网络成员积极参与任务，社交网络实例存在稳定的社交网络成员。	社交网络实例达到一般意义上的生命终点，要么是必然的，要么是意外的。

---

① Michael A. Fontaine, "Keeping Communities of Practice Afloat: Understanding and Fostering Roles in Communities," *Knowledge Management Review* 4, no. 4 (September/October 2001): 16 - 21.

续前表

	孕育期	原始期	新生期	活跃期	成熟期	衰亡期
想象	主办者为社交网络成员定义社会愿景。	使用者开始理解社会愿景。	使用者权衡社会愿景或者社交网络成员关系价值的重要性。	大部分社交网络成员理解并接受社会愿景。	社交网络成员向其他成员传播社会愿景。	社交网络成员不同意当前的社会愿景。
保持一致	领导者定义原始的价值观。	社交网络成员尝试定义原始的价值观。	社交网络成员接受原始的价值观。	大部分社交网络成员接受共有的价值观，但是同样继续发展这些价值观。	共有的价值观已经获得稳定地位并被广泛接受。	社交网络成员寻求新的价值观（或者社会愿景）。
参与	除了计划，没有参与行为。	很少，或者没有参与行为。	社交网络成员只加入最简单或者最普遍的活动。	社交网络成员经常参与定期的活动，并开始表现出认可和利他行为。	社交网络成员参与长期的活动，并且容易识别具有高度认同感的社交网络成员。	既有社交网络成员和领导者停止进入或者不再参与活动。
文化元素	原始的文化元素先于被采纳，而被创造出来（例如标识）。	社交网络成员的经验很少或者不认同其文化和成果。	一些新的文化产物出现并受到检验。	文化产物（例如故事和行话）快速传播；不被接受的文化产物衰亡。	出现地位稳定并被广泛接受的文化产物。	文化也许没有改变，但是社交网络环境已经变化。

续前表

	孕育期	原始期	新生期	活跃期	成熟期	衰亡期
流量指标	社交网络环境建立之前是无效的。	社交网络活动有特别的访问者，但是少有再次访问者，或者注册率较低。	成员资格体系不断发展，该社交网络获得一些回访者。	由于新访问者和老成员的增加，网站迎来较高增长。	成员数量增速放缓，但是回访者相对保持高位并表现稳定。	整体流量下降。
结构指标	社交网络环境建立之前是无效的。	很少或者没有联系存在。	一些原始的联系或者网络开始形成。	活跃的联系在成员间开始形成，并且成员开始接受自身的角色。	网络慢慢改变，新联系仍然可以形成。	网络规模开始萎缩。

发展或鼓励在线社区计划

　　除了观察认同感和社交网络成员成熟度，社交网络环境的领导者或者社区管理者（见第 9 章"在线社区与社交网络体验管理"）也可以尝试和鼓励社交网络成员积极参与活动。一些人认为采取直接的方式来发展社交网络群组将会干预该群组的自然发展，这尤其与那些处于某种特定社交网络环境中的生态系统相关。在这种社交网络环境下，很多社交网络活动都是自行发展或者衰亡的。但是，生态系统作为一个整体却在不断发展。然而，当商业的成功依赖于社交网络环境时，这种活动可以向着高生产率不断成熟。

　　领导者能够在计划中应用很多方法，来鼓励社交网络成员采取积极行为，从而提高他们的认同感和参与度。特别地，我们感兴趣于如下这些计划在特定的社交网络背景下是如何提高生产力的：公开奖励社交网络成员的积极行为，鼓励交叉培训和指导，涉及成员的声誉和地位的任务等。

社交网络成员奖励计划

社交网络成员奖励计划通过奖励优秀的行为和成就来鼓励成员在社交网络活动中保持高参与度。尽管在社会计算中，声誉系统能够显示社交网络成员在其他成员眼中的信誉和能力，奖励计划也能够显示社交网络成员之间的信任关系以及在社交网络环境中的领导能力。以上两者都遵从相同的结构和过程：都有分值，加权分值，门槛标准和成就；都包含资质审核和奖励过程。领导者可以通过制定奖励计划使得具体的行为能够迎合主办方的利益，或者指导环境向长期有利于自身成熟的方向发展（见表 8.3）。奖励计划作为一种工具，可以用来提升人们对环境的兴趣并使人们热衷于参与其中，比如通过帮助其他社交网络成员，或者是通过直接参与主办方的活动。

表 8.3　　　　　　　　　　　　　社交网络成员奖励体系

	通过奖励达到主办方的目标	通过奖励达到社交网络群组的目标	声誉系统
目的	任务或者目标都由主办方指定。	认同感增加和社交网络群组的逐渐成熟受到鼓励，以作为社交网络群组活动的支持。	社交网络关系的建立，资源的识别，以及角色的建立都受到鼓励。
相互作用	社交网络成员间的相互作用并不是必须的。	社交网络成员间的相互作用也许会受到鼓励。	社交网络成员间的相互作用总是受到鼓励。
个体与群组活动	社交网络成员可以单独或者作为群体的一员达到某种目标。	社交网络成员可以单独或者作为群体的一员达到某种目标。	声誉的建立基于每个人的贡献。
竞争	社交网络成员为奖励或者独立完成任务而相互竞争。	社交网络成员为奖励或者独立完成任务而相互竞争。	社交网络成员为声誉而竞争。

奖励体系必须避免偏见和对不公平的抱怨：计划经常基于可识别的行为，这些行为可以得到证实或者可以被衡量；可以不必解释

这些活动多么重要或者多么有价值，但是必须解释主办方组织期望的内容，这可以使得社交网络成员为组织的直接目的而工作。正是因为社交网络软件的辅助，才可能将这种能力应用于跟踪带有奖励计划的社交网络环境下的人们的活动。为社交网络群组创造一套奖励体系，通常涉及如下步骤：

1. 从参与者角度出发，识别奖励计划的目标。这一奖励体系下的目标是什么？他们能得到什么好处？

2. 从主办方角度出发，识别奖励计划的目标。主办方的什么项目或者计划是受奖励的社交网络成员所支持的？

3. 确定资格和各类衡量过程。是否需要衡量个体行为，衡量这些行为产生的结果或者成绩，或者周围人对其贡献的评价？是否需要对参与者进行排名评价？

4. 选择与目标相匹配的衡量类型和单位。在得分、门槛标准、证书、独特的成就或者其他衡量尺度下，计划的步骤是否是可衡量的？

5. 确定对于每类衡量标准的奖励过程。该体系是自动奖励成员，还是需要进行人工评价和奖励？

6. 确定奖励的形式。什么类型的奖励或者奖品是社交网络成员实际能接受的？它是一种实物奖励还是仅仅存在于特定社交网络环境中的虚拟奖励？获奖的成员能否将这个奖励展示给别人？如果能，他们应该怎么做呢？

7. 记录奖励的过程、尺度和价值。是否需要向备选社交网络成员提供文件以使他们能够理解这一奖励计划的所有方面？

一些行为可以同时符合奖励计划和声誉体系。例如，你也许希望依据成员为网站做出贡献的频率，来奖励那些经常访问网站的社交网络成员，你也许希望公开宣传这种奖励以便为这些成员带来"活跃贡献者"的良好声誉。前者能提高主办方对这些受奖励的社交网络成员的信任水平；或者是提高社交网络群组对其的信任水平。

因此，这种行为有助于我们上面提到的奖励计划和声誉体系。

招募传播者和倡导者

除了提供奖励以鼓励成员积极参与活动，第二种方式涉及人与人之间的倡导和鼓励。在这种情况下，领导者基于对高水平认同感的评估，来识别和选择具体的社交网络成员作为倡导者或者传播者。具体来说，社交网络成员应该显示出对社交网络群组目标较高层次的一致性和认知，并展现出能够说服其他人相信这种社会愿景和社会价值的能力。

社交网络成员中的倡导者和消费者中的传播者往往可以获得被认可的激励，而不是来自直接的物质奖励。微软最有价值专家计划和甲骨文的 ACE 计划[①]都重点招募那些能够成为产品宣传者的消费者。这些消费者在他们所面向的社区是产品的开发者和使用者。[②] 相似地，IBM 的社交网络软件启动（Social Software Enablement）团队招募已经成为 IBM 雇员的人作为志愿者大使，去接触、影响企业内的同龄人。[③]

尽管这种计划可以提供物质奖励，然而传播者的表现显示出，被认可才是他们的主要动力。这种认可可以来自以下几个方面：

● 在社交网络群组内部获得公开认可。这种认可可以有多种具体形式：例如授予荣誉徽章（比如，甲骨文 ACE 计划给予每位成员特殊的图标）以彰显他们的特殊才能，或者作为他们特殊地位的标识物，发布关于领导者的公告或者故事，或者公开发布领导者委员

---

①　甲骨文 ACE 计划关注由甲骨文技术社交网络成员提名的候选人。每个 ACE 成员或管理者会获得一个特殊徽章，并显示在相应的在线社区上。读者可以通过 www. oracle. com/technology/community/oracle _ ace/index. html 访问。

②　微软最有价值专家计划（The Microsoft Most Valued Professional Program）关注自愿性技术社区领导者。这些领导者已经在线上和线下展现出高水平的专业能力。读者可以通过 http：//mvp. support. microsoft. com/访问。

③　Gina Poole，"IBM Web 2. 0 Goes to Work," *O' Reilly & Associates Web 2. 0 ExpoEurope*，Berlin (October 2008)．演讲幻灯片可以通过如下网站获得：www. slideshare. net/gpoole/ibm-web-2-0-goes-to-work-presentation-671274。

会成员的排名。

● 使这些传播者拥有接触到相关信息或者领导者的特殊渠道，而其他人则没有这项特权。这可以是一种持续性的元素，例如只有这些传播者才可以登录特殊的社交网站或渠道。这一做法可以基于具体事件，例如仅为这些人提供的特殊的聚会或者会议。社交网络群组领导者应该做到快速而积极地回应这些传播者。

● 实物奖励。这没什么效果，除非这些奖品能够向其他人显示获奖传播者特殊的地位。

尽管上述奖励方法很有用，但是必须确保这些方法避免以下错误：

● **没有对资质条件进行充分的描述**——这将引起关于谁有资格的争议，而这种争议将是灾难性的。要重点关注建立客观的衡量尺度。

● **要求太低并且候选人太多**——不要有太多的候选人，应该仅与顶尖的社交网络成员保持联系。选择一个使你或者你的组织能够应付的标准。传播者的数量超过领导者能够支持的范围还不如没有足够的传播者。

● **持续向社交网络成员营销**——你想与社交网络成员分享你的想法和信息，但是如果显得太过迫切就会适得其反。

● **形成一边倒的观点**——在某项计划中，如果每个传播者都对你的组织有非常大的热情，这只会使其他社交网络成员认为这些人是在阿谀奉承主办方的人。要允许有反对的声音存在。你不必改变他们，只需要使他们也来共享你的故事。

● **不要过快改变传播者的构成**——传播者会随着时间推移而增加，但是更重要的是通过招募新的候选者而将展示的思想多样化，从而显示出你们是与整个社交网络环境一起成长的。审慎地宣布计划的时限，例如一年或者六个月。

社交网络成员培训和指导计划

培训和指导计划意在分别通过结构化或者非结构化的方式来教育社交网络成员。当社交网络活动关注于提升社交网络成员的技能或者知识水平时，这些计划不论对新成员还是老成员来说都是很有用的。

建立培训计划听起来像是一种开发合适标准以评估社交网络成员的复杂过程。然而，如果一个高度结构化的认证计划不是必须的，那么社会计算模式可以充当这个角色。计划可以关注于使技术娴熟的社交网络成员在短时间内掌握知识（见第 5 章"社交网络任务：创建和管理信息"），而且可以举办一系列类似的活动。已经掌握知识的社交网络群组领导者可以通过将已掌握的知识更加结构化（与其他专家一道）、收集相似的话题并按顺序排列等方式来提供帮助。这种自下而上的方式，即从细小的知识点到规模更大的知识体系，可以减少最初设计培训题目所需要的时间，并使得收集相关知识更加容易。

当知识更加琐细，以致社交网络成员需要通过实践来学习的时候，给予指导是更好的选择。一个简单的方式是开发一种计划，使感兴趣的学习者遇到相对来说更有经验的社交网络成员，并模仿后者的一举一动。视觉的、在线的、多媒体游戏可以让使用者模仿导师，并通过视觉和听觉来学习。而利用网站种子，定期阅读文章或者收听导师的播客也能达到同样效果。学习者的目标是变为一位积极的听众，与导师建立关系，并提出问题。社交网络群组的领导者可以通过组织的牵线搭桥，招募导师，发起和核查这些关系来提供帮助。

小　结

鼓励社交网络成员参与到实现社交网络环境目标的活动中，要求我们更加认真地审视不同模式的归属感或者对社交网络群组的认同感：认知、保持一致、参与。社会计算软件使得通过社交网络群组活动记录来考察社交网络成员的参与程度变得容易。然而，为了能够得到更加准确的认同感的分布水平状况，你必须调查社交网络成员对社会愿景的接受程度，以及该社会愿景的实现是否与他们的价值观保持一致。

在这一方式下理解认同感，能使你建立关于社交网络成员认同感水平的分布图。这样你就能够研究该社交网络环境下的整体趋势和社交网络成员的归属感状况。这种理解认同感和归属感的框架同样可以产生关于社交网络群组成熟度的不同观点，其做法是在生命周期内考察社交网络群组的发展状况。这种生命周期划分可以帮助社交网络群组的领导者采取相应的行动以发展该群体。

社交网络群组领导者同样可以采用战术手段来鼓励和发展社交网络群组。这些战术手段包括实施特殊计划，例如社交网络成员奖励计划、培训、同龄人参与、积极倡导。这些计划非常适用于那些具有特定角色的人。这些计划需要一定的努力和规划，并且往往需要专门的领导者去监督社交网络群组和环境的发展变化，而这正是下一章的主题。

第 9 章

在线社区与社交网络体验管理

乔·艾托是知识共享（Creative Commons）组织的 CEO，并且还是一个风险投资人，他比较了两种集体活动：一种是多玩家协同完成一项游戏任务，例如魔兽世界里的任务；另一种是指挥一场交响乐。[①] 在完成游戏任务的过程中，游戏程序要求成员扮演临时角色。只有当所有成员都能够协调一致的时候，他们才能完成游戏的目标。因此只有当所有参与者都了解他们所面临的情况，并且知道他们需要采取什么行动的时候，才能达到集体协作水平。参与者也许需要一些指导，才能了解何时应该采取相应的行动，以及如何完成这些行动。领导者，在线社区管理者，或者具有类似职位的人都可以在上述活动中起到作用。他们的职责并不是要求其他参与者都围着他转，而是提供帮助并参与到任务的完成中来。根据盖瑞·哈默尔的定义[②]，所谓在线社区管理，核心在于把成员凝聚起来共同努力。这一定义与传统商业中的管理概念类似。管理社交网络仅仅是一种新的管理模式。

无论你把上述这种管理者称为经理、官僚主义者、政治家、领导者还是英雄，他们的工作职责都是引导人们协同合作完成一项任务。社交网络环境是相同的。社区管理者（Community manager,

---

① 内容选自乔·艾托（Joi Ito）于 2006 年 11 月在旧金山举办的 O'Reilly Web 2.0 峰会上关于大型多人参与游戏的社交网络方面的讲话。

② Bill Breen and Gary Hamel，*The Future of Management*（Boston：Harvard Business School Press，2007）.

CM）这一头衔被广泛用于社会计算领域[1]，其职责是多方面的。它与传统的直接上级管理人员或者其他工作小组领导者有所不同。社区管理者是一个间接影响者，一般是社交网络环境的监督者。他将一群人不相干的想法和动机引向共同的目标。

社区管理者的职责包括如下方面：推动成员之间的关系发展，推动社交网络活动和目标的完成，履行行政和管理职责。在一个组织中，社区管理者可以在很多部门起作用：营销、产品支持、IT、公共关系、商业发展、研发、项目管理、人力资源，甚至销售，这些职责涉及多领域的管理和任务。有时候，职责太多，导致一个人完成不了，或者单一技能无法胜任。社区管理者的商业价值就体现在他们如何能够让其他商业部门正常运转，即在社交网络环境中，为组织与消费者、雇员、合作者之间提供沟通的双向通道。

社区管理者的价值与特点

为了能够理解社区管理者的价值，我们必须将社区管理者的贡献与社交网络环境的贡献区别开来。我们还必须将他们的工作任务与他们提供的价值区分开。另外由于他们主要是组织与成员之间的协调人，我们还需要将社区管理者对组织的价值与对成员的价值区别开来（见表9.1）。

表 9.1   社区管理者的价值

方向	价值
对成员来说	通过向组织或者社交网络群组展现个人特质而改进与成员之间的关系 为组织带来有价值的个人资源或联络网 仲裁成员之间或者成员与主办者组织之间产生的矛盾 协调成员的任务与活动 成为组织、成员或者内容的知识库

---

① 我不是特别喜欢这个职位的头衔，因为这类角色适用于许多社交网络体验，而不仅仅局限于群组模型。不过，以下研究指出该头衔是被业界采用的术语，见 Forum One Networks，*Online Community ROI*：*Models and Reports*（San Francisco/Washington，D. C：Current Practice Research，March 2008）。

续前表

方向	价值
对组织来说	成为涉及成员资质方面的发言人 为成员关于主题或者目标的讨论提供观点（这种话题讨论的范围可以在企业内部、合伙人之间、或者跨产业之间） 成为与成员、或内容、或话题相关的信息大本营 鼓励并监督成员参与到有利于主办方的活动中 解决成员与组织之间的矛盾 衡量并描述社交网络群组的价值或成绩 识别有才能和潜力的人并雇用之

　　社区管理者带给组织的价值同样可以通过不同方式应用到其他商业部门。这种价值取决于所在领域主要社交网络使用群体的特征[1]（见表 9.2 和表 9.3）。尽管这些表格描述了社区管理者如何在不同社交网络中体现价值，但对于单个社区管理者来说，他不必具备所有模式的社交网络体验以及治理方式，尤其当一些社交网络不需要社区管理者的直接领导时更是如此。（见资料栏"每一种社交网络体验都需要一位社区管理者吗？"）

表 9.2　　　　　　　　　　支持消费者还是合作者

受众（领域）	商业性功能	附加值
消费者或者商业合作伙伴（面向公众，不同群体之间，第三方）	营销或销售	增加与消费者接触 识别出消费者中的粉丝和活跃分子 发现产业趋势和消费者兴趣 作为面向消费者的营销联络员 使用合适的信息或策略进行营销
	新产品开发与交付	从消费者中收集对产品的意见 面对消费者进行市场调研 识别竞争者的活动或者产品 进行设计测试及产品 Beta 测试 通过在线方式将产品交付给消费者

　　[1]　Connie Benson，"ROI of a Community Manager"，Community Strategist bolg（28 July 2008）。读者可以通过 http://conniebensen.com/blog/2008/07/27/roi-of-a-community-manager/访问。

续前表

受众（领域）	商业性功能	附加值
	客户关系或产品支持	向组织或者群组提供人性化界面 对受众的要求随时跟踪 帮助合作者确定内部代表或者部门代表 帮助消费者找到合适的支持资源 识别出犹疑的或者潜在的消费者

社区管理者的多重角色涉及不同领域的工作，包括营销、沟通、编辑和出版发行、商业过程定义、关系管理、培训与教育、商业管理与计划，甚至需要一些表演技巧。他们如此宽泛的工作职能经常会与他们临时担任的角色相互混淆。资料栏"社区管理者不是怎样的?"描述了一些容易令人混淆的领域。

表 9.3　　　　　　　　　　　支持雇员和以前的同事

受众（领域）	商业性功能	附加值
雇员和以前的同事（企业内部，不同群体之间，第三方）	资源识别	满足特定类型资源的要求 帮助不同部门和组织建立联系以识别资源 对创新项目保持跟踪并及时提供雇员发展机会 识别最佳实践和典型贡献者 识别有效的工作流程和其他可供选择的进程 管理内容以及内容提供商
	技能和职业生涯发展	协助寻找合适的导师或亲自担任导师 发现其他工作和内部项目机会 为优秀人才寻找、推荐并提供合适的发展机会 用"软实力"评估和识别人才
	组织变革	传达组织及科层的变化情况 维持或者发展处于变革环境中的关系以持续运营 解决变革中雇员遇到的问题
	雇员转换	吸引、识别和招募新的人才 帮助新雇员熟悉组织文化 帮助即将退休的雇员完成交接 维持与目前雇员的关系 从以前的雇员中找出潜在的可以再雇用的员工

每一种社交网络体验都需要一位社区管理者吗?

本书中的很多案例和情况都说明了社交网络体验可以通过各种形式表现出来。那么,这些不同的体验模型是否可以摆脱对社区管理者的需求呢?

在一些情况下,社交网络体验管理也许不需要一个全职工作人员来承担。然而,很多情况下,某个人需要承担起一个社区管理者应该起到的作用。在个体体验中,博主也许会采取行动去推广他的博客,或者应用其他类型的社交网络实例。他们收集并分享结果,发展与其他人的关系。一个特定群体也许没有单个领导者,但是该群体作为整体仍然可以起到社区管理的作用,尤其是当参与一些合作任务时。一个海星式领导模式下的环境简单地将这些责任分配给自愿者。集体协作也许不一定要求同样复杂的成员关系,但是它可能仍然需要某个人承担起收集结果并与利益相关者和成员分享的任务,或者是需要其阻止滥用选举制度。

社区管理者不是怎样的?

在考察社区管理者应该具备什么样的技能、个性特征以及应承担的职责之前,我们还需要看一看社区管理者不应该被看成是哪一类人:

● 他们并不是通常意义上的那种经理,他们并不向社区成员分配任务,并进行指导。当然,一群社区管理者中也可能存在一个通常意义上的经理。

● 他们没有整体的同一性(比如像"支持团队"那样)。这使得成员很难与他们建立关系。成员可能因此会对社区管理者的地位感到不理解或不信任。

● 他们不是那些创造、建设、管理基础平台的开发者。开发者需要面对很多改进的需求，这有时候会妨害他们与个体成员之间的关系。

- 他们不是主要的内容创造者，例如作者、写手或者编辑。这些内容创造者不断丰富社交网络体验以保持其常新的内容。他们开始也许需要提供一些内容，但是最终，新的内容都是来自在线社区自身。

- 他们不是活动的中心，而只是帮助其他人获得或体验社交网络体验。

- 他们不会轻易改变立场。其工作既不是简单地认同个体成员，也不是要求社区内每个人的立场都保持一致。尽管社区管理者支持所在的社交群体，但他们同样是主办方的利益代表，因此需要有一个中立的立场。

错误地承担这些任务会伤害社交群体，降低社区管理者的受信赖程度，同时降低社区管理者顺利完成任务的可能性。

个性特征与习惯

一个社区管理者的责任在内容管理、人员处理以及环境维护等方面，往往要超过普通成员。社区管理者关注普通成员对活动的参与度，鼓励其成员积极参与活动。这要求他们具备如下个性特征或者工作技巧以完成上述职责：

- **倾听**——社区管理者大部分时间用于关注社交网络群组成员。关注他们的问题和诉求。能够有耐心并愿意将其他事情放在一边，并将主要精力放在这种关注上。

- **交谈**——以一种轻松随意的方式，描述或者谈论他们的经历、思想、重大事件或者其他方面的事情。这可以帮助成员更好地了解他们的社区管理者。这既不与营销或销售有关，也不需要大量的学术或官方报告。

- **记录**——好的社区管理者总是经常做记录，并善于将记录分类，以便日后可以方便地检索。在会议中，他们会仔细倾听并记下关键点。如果有必要，社区管理者可以向用户寻求许可来做记录。对于有问题的事项，他们用纸笔或者电脑来做记录。因为光用脑子记的话，容易忘记。社区管理者记录的笔记对于其他活动是很有帮助的。

● **搭建关系**——倾听和交谈可以为社区管理者与成员之间关系的搭建提供一个框架。在这个过程中，社区管理者不仅会记住成员的名字，还会关注他们的动机、兴趣、活动、关系，以及在生活中的其他方面。

● **虚拟互动的建立**——适应于你从来没有实际接触过的、能够与用户会面的虚拟环境非常重要。在线环境经常脱离实体办公场所，这可以让社区管理者能够自由地在家或者在其他休闲场所工作。这同样意味着社区管理者能够确保与成员远程会面，而且不分心。当然，这不是绝对的，但是能够了解如何跟远程用户相互交流是非常有用的。

● **激励成员**——一个好的社区管理者应该具有能够激发成员潜力的能力。这些社区管理者可能会积极影响他人的活动，并让对方认为这些活动是非常重要的。

● **协调**——在任何社区内部，总会出现一些争执。社区管理者应该能够在这类事件中扮演协调人或者仲裁者的角色。他们不必为每件事情都找到解决方法——如果社交群体能够自己找到解决方法是最好的——但是社区管理者应该被看成是开明而中立的协调者。

● **为社区成员代言**——社区管理者也许需要与其他群体进行协商——无论是在组织内获得关注，还是在与其他网络成员或者群组共事的情况下——他们都应该能够在与主办者组织或者其他群体对话的时候代表整个社区。

● **找到解决方法**——社区管理者必须解决各种问题——一些问题是经常发生的，另一些则不多见。他们需要能够找到解决问题的方法。这要求他们具有耐力，足够聪明，具有创造性，拥有全局观，等等。没有现成的模板可以解决这些问题——它要求社区管理者出于本能地解决遇到的问题。

尽管在社交网络体验中，普通人不是社区管理者的雇员，他们不必像对自己的上司一样向社区管理者报告。但是确实存在着一些重合的方式方法能够让社区管理者和普通的公司经理同时受益。社区管理者的工作也许更加困难，因为成员并不一定那么有认同感和责任心。另外，当更多的组织引进社会计算，社区管理者的工作技能会最终与公司经理相类似，甚至相互融合，或者改变公司经理。因此，理解两者责任的差异以及应该如何行动以得到成员对社交网络群组的忠诚与信赖是相当重要的。

社区管理者应该融入组织的什么地方？

在许多不同的行业中，一般不主张社区管理者兼职参与管理。因为建立良好的关系需要付出许多时间，而且还要和很多人打交道，对于那些需要处理拥有很多成员的社交网络环境而言更是如此。例如，一个团队的协作社交网络活动也许不需要全职的，但是拥有数百名成员的社区可能就需要一名或者多名全职社区管理者。

随着协作行为在社会计算中变得越来越普遍，并且在组织中也越来越盛行，这些技能在某种程度上也许与大部分的行政和知识型员工的工作相关。研究顾问乔什·伯诺夫预测说，在未来，社会计算"将成为如此常见的一种业务方式，以至于到那时，我们将不必再讨论这个问题。"① 不仅专职的社区管理者会更加普遍，而且一些社区管理者的技能将最终成为各种组织中技术、管理、业务人员工作的一个共同部分。

---

① John Fortt, "Michael Dell 'Friends' His Customers", Fortune. com（September 2008）. 读者可以通过 http：//money. cnn. com/2008/09/03/technology/fortt _ dell. fortune/访问。

对于全职的社区管理者，《在线社区薪酬调查 2008》提供了一些深入了解这些工作是如何结构化和补偿的方法（见图 9.1）。尽管很多组织都有社区管理者这个正式职位，但是做这份工作的人或者领导者同样还在其他组织中担任职位，具有相应的经验或责任。这些经理人所得到的薪酬也各有不同。[①] 大部分薪水是固定的，但也有一些组织仅向其支付入门级的兼职人员的待遇。

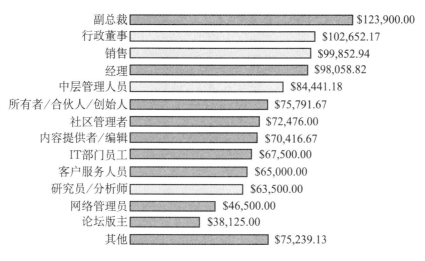

图 9.1　社区管理者的职位与薪酬

资料来源：第一论坛，《在线社区薪酬调查 2008》，统计人数＝255。

不同公司中有不同部门，社区管理者的角色不仅表明社交网络系统如何向不同社区提供帮助，而且意指需要不同的必要技能才得以创造和维持一个社交网络环境。

社区管理者的任务与责任

为了能够达到之前描述的目标，社区管理者需要提供一些共有

---

① 来自各个行业与组织的社区管理者参与了此次调查，范围涉及在线社区、传媒企业、非营利组织、大学、软件公司、政府机构、非政府组织及制造企业等。其中有 75% 的被访问者来自美国，其余的被访问者分别来自 19 个国家，包括巴西、约旦、中国等。该调查在一定程度上解释了不同职位与薪酬水平的差异。

的服务，比如：

● 引导并增强自己与成员之间的关系，同时增强成员彼此之间的联系；

● 引导并增加社区的内容，提供成员培训以及增强成员意识；

● 交流社区的活动与成果；

● 协助制定营销计划和商业开发；

● 管理软件和社交网络系统。

图 9.2 向我们展示了社区管理者更加全面的责任。并不是每种情况、每种社交网络体验或治理模式都要求上述所有职责。然而要看到，社区管理者面对的任务的确比较复杂。不仅社交网络环境在改变，而且社区管理者与成员共事的方式也在改变。

成员及关系发展

社区管理者在涉及与人打交道方面的职责主要是建立与成员之间的关系以及帮助建立成员之间的关系。社区管理者可以帮助成员更加积极主动地参与到社交网络活动以及与周围成员的关系建立中。这种类型的帮助涉及很多方面：如社交网络工具使用培训，成员参与，领导者发展计划，个人社交网络环境，成员问题管理等。

要想更加积极地参与到社交网络环境中，首先必须熟悉使用软件工具。有些用户即使熟悉一些社交网络工具也不一定熟悉某种特定的社会计算工具。一些有经验的用户能够很快上手，但是大部分用户则需要说明书或者其他的指导。此时，社区管理者的任务就是提供培训内容以使用户能够掌握这些工具，比如可以提供自助式的引导，要是能够提供针对工具使用的专门培训单元则更好。引导的方式往往可以产生更好的结果，但前提是有成文的自助手册。另一个可行的选择是建立一个简单计划使老成员可以指导新成员。

本书第 8 章 "鼓励社交网络成员参与活动" 描述了如何通过招

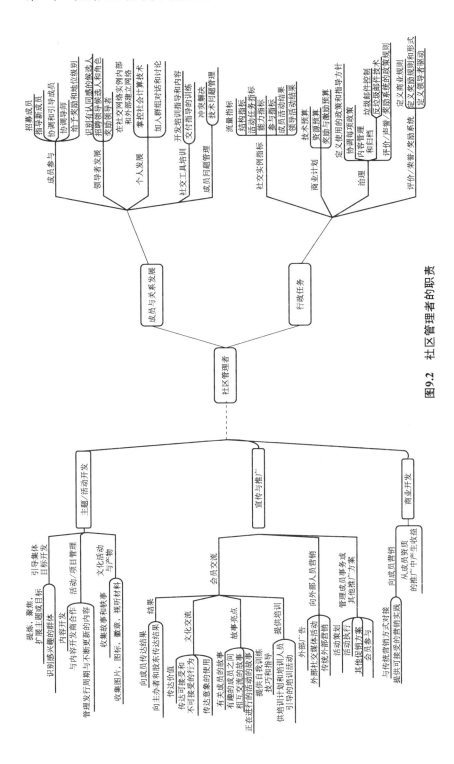

图9.2　社区管理者的职责

募新成员来提升成员的参与程度。除了推动其他社交群体参与到社交网络活动中，社区管理者还应该找到具体的负责人，使该负责人能够对社交网络活动起到关键作用，尤其当他是相关领域的专家或者是经验丰富的老成员的情况下。这种角色是临时性的，目标是通过他的影响来引导交流，包括向成员介绍他们也许会感兴趣的其他成员。成员之间经常会有一些公共的话题或者都参与到一个活动中。新会员也许需要来自导师的鼓励，而这些导师往往已经经历过类似的过程。最终，一个社区管理者可能向引入的新成员颁发参与徽章或提供奖励系统使成员间互动起来，以吸引成员更加投入。

不管成员是谁，一个社区管理者应该时刻准备处理来自成员的问题，不论是有关内容的还是有关社交网络工具的问题，又或者是成员之间的矛盾。即使没有直接的解决方案存在，社区管理者也必须应对这个问题。

积极的成员也许最终会变成社交网络系统的领导者，而这些领导者需要自我培养。首先要开发确定适合领导候选人的筛选过程和标准，并招募那些能够满足社交网络活动要求的人。这些都是志愿活动，并不是每个人都愿意承担这样的工作，所以值得把他们当作领导者，或许也可以相应地奖励他们。

最后，社区管理者需要开发自己的知识与关系，不管是处理社交网络活动还是其他事情。社区管理者需要深入到自己的群体对话中，不一定要充当知识专家，也许只是需要在成员面前成为一个熟悉的面孔。与其他类似的社交网络活动对接可以帮助建立一些弱联系，有助于引入新鲜血液。充满活力的社会计算技术发展可能还需要社区管理者追求新工具、新理念和新方法。这意味着社区管理者要从跟社会计算有关的人、网站、书和活动中学习。社区管理的研究还不是一门系统的科学，也不是一个可复制的过程，所以对社区管理者来说，最好的机会是从其他社区管理者那里学习如何处理在线活动或者与之相关的活动。[①]

主题和活动发展

除了开发社区内部的关系，社区管理者还必须开发新的主题。并不是所有的社交网络体验都是集体导向型的，因此可能还需要某种程度的商谈，内容主要涉及社交网络活动的主题或目标。个人博客甚至经常会询问自己的粉丝或订阅者以了解他们认为应该关注的内容，鼓励他们参与进来。随着时间的推移以及访问量的变化，社区管理者可能要向该群体扩大相应话题，并确定有特殊需求或小众的一部分成员。

发展目标会导致创建和执行活动同时进行，这需要一定程度的项目管理能力：定义项目的目标，识别可能的结果，协调人们参与其中，确定目标和阶段性成果。这可以通过业余人士或正式获得项目管理认证的专业人士来完成。例如，开发内容是社交网络活动最为常见的任务之一。成员、社区管理者或其他人都可以提供内容。然而，为使内容有规律地更新，社区管理者可能需要组织一个简单的发布计划，以确保其他成员有一个稳定的内容可以消费（参见资料栏"如何引出话题？"）。

除了内容和活动是文化的表现方式之外，文化还有其他形式，例如通过故事、图像、术语和其他文化产物的形式展示。成员们反复提及这些内容或分享给其他人。社区管理者的任务是发现和收集这些文化表现形式，并帮助其再次分配，以加强文化的影响（在后文"交流与推广"部分有进一步描述）。

行政任务

对于任何项目或活动，社区管理者经常需要衡量并报告社交网

---

① 自 2005 年以来，有关社交媒体与社区管理方面事件的数量经历了爆炸性的增长。许多商业事件都发生在这一领域：较隆重的事件比如 O'Reilly Web 2.0 峰会（见 www.web2expo.com）和在线社区 2.0 会议（见 community20.com）；较小范围的事件比如社交媒体早餐（见 www.socialmediabreakfast.com/），该活动主要在北美等地的城市举办。

络群组所进行的活动。这种行政任务可以属于不同的类别：涉及流量、结构、任务、支持、参与、文化和业务。这些任务和其他行政任务定义了具体的治理政策和指导方针（除了社区管理者可能选择的高级治理模式之外）；有关收视率、声誉、奖励或其他激励系统方面的商业规则，以及业务运营、资源规划和社交网络实例预算。

表面上看来，集体导向型社交网络体验比个人更加关注政策和指导方针。这是因为集体导向型的体验也普遍有治理系统，从而使更多的人在平等的基础上直接贡献。这意味着采用代表式、海星式和蚁群式领导模式需要鼓励更多的人达成一个共同的文化认知。因此，社区管理者可能需要在可接受行为的经验上建立指导方针。大多数面向公众的社交网络体验同时开发可接受的使用指南和策略，并以此来生成可靠的标准，处理问题和应对有问题的用户。

如何引出话题？

引出话题往往是社区管理者最重要的任务，尤其是在某种社交网络体验里，成员可能不知道彼此的联系。许多资料描述了在社交网络中的谈话技巧[①]：

● 谈论来自成员的文章，可能是开始话题的好方法。

● 发现系统中具有潜在影响力的人，邀请他们参与到特定问题的讨论中。

● 归纳简要重点，成员可以迅速把握。

● 提出争议点，也许可以显示双方的争论点。

● 寻找你自己以外的、社交网络环境中引人注目的例子，将其引入你的社交网络群组中并引起其中成员的注意。如果你认为一个讨论、一个博客或者其他网站的内容是你自己发起组织的，

---

① Chris Brogan，"提升你博客层次的 50 种方法"，见 ChrisBrogan. com（2008 年 9 月 14 日）。该网站为博主及其他许多社交网络体验提供了一系列有用的方法。另外，口碑营销协会的 WOM 101 单元也与上述主题相关（见 http：//womma. org/wom101）。

你应该指出这一点，加一个链接，并联系作者，分析内容，或为自己的群组讨论添加问题。

● 离开主题或开辟第二战场以供大家自由讨论。其他的话题经常会被挑选出来，加入到你的社区来。

同样，评价或声誉系统可能需要相关的商业规则以权衡如何分配这些点，并防止用户不公平地创造对自己有利的情况——这是在玩弄和欺骗整个系统。

最后，社区管理者可能还要负责制定预算和运营规划。这些有关成本控制的典型的业务问题包括如下方面：人力资源、软件应用程序、激励计划或营销项目，以及其他有可能会让某个人最终埋单的系统运行因素。

交流与推广

沟通是社区管理者的另一大工作职责。它始于社交网络活动中的基本沟通内容，或者是要与其他成员或外部人员交流，以吸引他们参与社交网络活动。当成员访问该活动时，社区管理者需要向他们显示在哪里可以找到建议、指导和使用社交网络工具的培训，以方便用户接受并参与活动。

如果社交网络活动已经进化到拥有自己独特的文化，则社区管理者工作的一部分是沟通和增强这些文化价值观，以判断哪些是可接受和不可接受的行为。分享故事、商标、短语、术语和其他文化产物能够帮助社区管理者发现其他成员正在进行的活动和有趣的最新互动。目标是介绍这些成员和加强他们的行动或身份，以此作为良好的结果或行为的范例。这提供了建立联系的机会，实质上也为成为领导角色铺垫了道路。

内容和文化为社区管理者提供想法以供其与外部团体谈论和分享。不论是随便发布这些想法到其他社交网络环境，还是正式创建营销策略和计划，其目标是一样的：即吸引其他社交网络活动和生态系统中的成员来到你自己的社区中。正式的方法包括广告或与其他社交网站进行合作，或者发布有关非社交网站的内容。社区管理者有时也在内部群组中参与到共享外部活动和轶事中来，以推广社交网络活动。

社区管理者还可以考虑只为成员办活动。社交网络成员也许会组织聚会或者一系列类似的活动。这些活动可以结合他们自己的兴趣点，或者与之无关，这样可以增加满足其他成员的可能性。线下活动也许看起来跟在线社交活动目的相反，但是其实只是在不同层面对关系发展进行支持——线下活动更加直接、及时。身体接触可以达成更高水平的理解，比如包括真正听到彼此的声音、观察身体语言以及言谈举止。这些身体方面的接触在网络环境下是无法实现的。当人们从这种实际生活经验回归到在线环境中时，这种良好的纽带关系便可以得到加强。

除了聚光灯下的亮点活动，社区管理者也可以分享有关高效多产成员的成功故事和奇闻轶事。社区管理者还需要将活动的结果传达给其他成员或者主办者和股东。收集的衡量标准作为行政任务的一部分，向社交群体传达了不同方面的信息。这个行业中有关衡量社会计算和社交媒体的观点并不统一。衡量标准因社交网络任务而变化，也会随目的和组织而有所变化。

商业开发

面向公众、跨边界的或第三方领域（见第 6 章"社交网络生态系统与领域"）的社交网络环境有时是公司寻找新客户、发现新的业务机会，减少成本的一种途径。无论是否需要，一些共同的方式都可以产生收益，比如：

- 收取入会费；
- 向成员销售产品；
- 代理成员之间的交易；

- 在活动中销售广告空间；

- 搜寻能够成为潜在客户或者有业务机会的成员；

- 将成员之间互动产生的知识、关系网、创造物、调查结果等
销售给其他人。

　　成员对上述这些过程的反应各有不同，这取决于成员加入时所
同意的条款。在社交网络环境成熟之后，为了能产生收入而改变一
些条款可能会产生灾难性的后果。例如，Facebook 创建的 Beacon 广
告系统，可以追踪其成员在 40 个网站中的特定活动，并可以将这些
活动报告给其他每个朋友。公民团体如 MoveOn. org① 请求 Face-
book 改变该系统，使得成员可以被允许退出系统。然而，电脑协会
（Computer Associates）威胁研究小组（Threat Research Group）的
史蒂芬·博托（Stefan Berteau）发现，即使有了"选择退出"机制，
Beacon 系统仍然可以将这些动作继续显示给他的网友。Facebook 所
追求的商业发展实际上已经打破了成员在组织里的那种互信关系。

　　除了寻找创收的方法，社区管理者还需要与主办者的营销团队
协作，尤其是当社交网络活动涉及消费者创收的时候。这意味着平
衡业务与成员福利的需要，并建议营销团队采用合适的策略来为成
员服务。这一任务包括市场表现分析，收集来自社区的意见或信息，
并设计涉及成员的营销战术。

小　结

　　如前一章所述，社交网络领导者需要明白什么可以用来鼓励成
员建立他们自己的、对社交网络体验的认同感和归属感。这些任务
通常落在一个工作角色跨越所有活动的社区管理者的肩上。

---

　　①　2008 年 8 月，Facebook 连同与其一起参与 Beacon 系统的商业伙伴［如家庭录像
带品牌百视达（Blockbuster）、网上鞋店 Zappos. com、美国在线零售商 Overstock. com 等］
在加利福尼亚被告上法庭（见 http：//blog. wired. com/27bstroke6/2008/08/facebook-bea-
con. html）。在笔者写作本书时，该案尚未庭解。

　　不论是全职还是兼职，社区管理者面临各种责任，同时也对其拥有多种软实力、个性特征行为提出了要求。随着越来越多的团队开始利用在线协作的环境工作，这些技能成为社交网络成员和社区管理者的必备技能。许多组织可能没有正式的社区管理者，而只是在不同的领导者之间安排这些任务。这些技能和职责可以随着社交网络体验和主办者期望的参与程度的变化而变化。下一章将考察社区管理者如何从不同方面衡量发生在社交网络环境中的各类活动。

第 10 章

衡量社交网络环境

那些在网络上交际很广的顾问是否比那些交际不广的人表现更好？项目中有来自不同团队或部门的专家真的能做得更好吗？有多少业务和收益的增加确实是通过这些转化而来的呢？

这些问题直接涉及商业网络中的人际关系对事业成功的促成作用，并且涉及如何在商业活动中寻求不改变产品性质或种类而使生产率提高的新途径。

来自麻省理工学院斯隆管理学院和 IBM 公司[1]的研究人员近期试图通过一项在线网络人际关系和沟通的研究来寻找答案，这项研究涉及 2 600 多名顾问和来自同一个大公司的 40 万员工。这些顾问在社交网络中如何与他人合作，将影响他们计费工作时间的收入。通过比较这些顾问的收入，研究人员能够证明网络拓扑结构和他们的工作表现密切关联。例如，研究人员发现，单凭一个顾问的网络规模并不能促进绩效的提升。然而，那些和管理者们建立良好关系的顾问则做得很好：每了解一个新的管理者便能够使他们的月收入增加 588 美元。这项研究结果表明，管理者们更倾向于在高附加值项目上聘请顾问。同时，和管理者联系不密切——也就是说并不足够了解他们——会导致每月减少 98 美元的收入。

---

[1]　Lynn Wu，Ching-Yung Lin，Sinan Aral，and Erik Brynjolfsson，"Value of Social Network—A Large-Scale Analysis on Network Structure Impact to Financial Revenues of Information Technology Consultants，"Winter Information Systems Conference，Salt Lake City，UT（February 2009）. 读者可以通过访问 http：//smallblue. research. ibm. com/publications/Utah-ValueOfSocialNetworks 阅读该文章。

　　该研究指出了某类特定的群体取得成功的关键因素，以及通过他们的在线网络建立的人际关系的货币价值。当然对整个社交网络系统而言，并不能一概而论。尽管如此，它还是指出了一个重要因素：衡量社交网络环境可以更好地了解它对某项业务的贡献。

你可以衡量什么

　　尽管我们也许可以衡量社交网络环境中那些可见的或可直接识别的元素，但遗憾的是，例如"人们是如何被连接在业务关系中的"这类问题，并不像衡量系统中的其他方面那样简单。我们需要去了解它的重要性，去考虑社交网络系统的价值——即社交网络资本。社交网络资本有三种形态：结构型、关系型和认知型。[①] 结构型社交网络资本侧重于人物、网络、关系和其他一些问题。关系型社交网络资本侧重于信任、社交网络规范（可接受行为）、声誉、认同感（想象力）。认知型社交网络资本侧重于共同的背景和目标，如共同的语言（意象）、价值观、共享的环境、社交网络体验，共同的任务，共同的历史（故事）和领导模式。

　　目前，我们仍没有找到一种标准化的通用方法来衡量社交网络环境。世界银行的研究人员得出结论，人们可以衡量社交网络资本的不同方面，但只是作为参数，而不是社交网络资本本身的实际估值。[②] 换句话说，任何情况下，每一种类型的社交网络资本的直接度量都不能直接转换成美元。企业出于各种不同的原因也需要衡量社交网络环境：它们可能拥有各种可用的测量数据或者正在寻找不同

[①]　Janine Nahapiet and Sumantra Ghoshal，"Social Capital，Intellectual Capital，and the Organizational Advantage，" *Academy of Management Review* 23，no. 2（1998）：243.

[②]　Christian Grootaert and Thierry van Bastelaer，"Understanding and Measuring Social Capital：A Synthesis of Findings and Recommendations from the Social Capital Initiative" Social Capital Initiative working paper 24（April 2001）. 读者可以通过 http：//siteresources. worldbank. org/INTSOCIALCAPITAL/Resources/Social-Capital-Initiative-Working-Paper-Series/SCI WPS-24. pdf 访问。

的结果，正如你将在下面的例子中看到的。

维基百科和谷歌百科使世界各地的读者把获得的知识聚集在一起成为可能。它们的一些关键指标包括发布在自身网站上的文章数量、作者数量以及更新的频率。大型咨询机构同样保持对知识的记录。它们可以采用复杂正式的过程来收集包装那些它们当做资产创作出来的知识，然后以使用这些无形资产的频率以及收入，或咨询交易的数量如何与这些资产相关等方面来衡量这些知识性资产。在这两种情况下，都有一个组织负责收集分析这些信息，并把它打包成可接受的知识。

当项目公布在研究项目众包网站 InnoCentive 上时，不同成员会向该项目发起人提出有竞争力的方案。InnoCentive 可以衡量使用者查看某个项目的平均次数，已经完成的项目建议书的数量，每个项目的平均出价，乃至获得一个解决方案平均需要的时间。[①]

在信贷网站 Prosper.com 上，任何会员都可以在指定的利率条件下贷款给其他人。[②] 借款人竞相寻找他们愿意支付的最低利率，而贷款人则期望从他们的客户中寻求最好的回报。在这里，借贷金额不等，从不足 100 美元到数万美元。这个过程同样可以通过汇聚群组成员的财源去贷款给他人或向他人借款来重塑借贷关系。这个社区的存在不仅分散了风险，同时也强化了认同该协议的同僚者之间的关系网络。在整个过程中，借贷双方彼此评价对方的交易。这些指标不仅关注借贷双方的信用评级，同时也关注不同类别的贷款（例如房屋抵押贷款、汽车贷款、企业或个人贷款）是如何开展的。

BzzAgent[③] 和其他社交网络营销网站通过提供项目去招募爱好

---

① Henry Chesborough, *Open Business Models：How to Thrive in the New Innovation Landscape* (Boston：Harvard Business School Press，December 2006).

② Prosper.com 的官方网站上有关于社交网络信贷系统运行的详细指南。读者可以通过 www.prosper.com/welcome/how_it_works.aspx 访问。

③ BzzAgent 支持在线口碑营销活动。读者可以通过 www.bzzagent.com/pages/Page.do? page＝Why-Join-BzzAgent 访问。

者和推广者，并且追踪这些由主办者提供的营销信息是如何通过各自的网络进行传播的。指标包括每个项目的关键推动者，获得的反响及传播的途径。

Ziff-Davis Media 等媒体产品支持在线社区常常将对公司产品及服务发展目标的进一步认识与开发一个忠实的客户群体结合起来。这可能需要一系列的指标：每一个被支持的请求从在线社区获得的回应数量，得到一个回应平均需要耗费的时间，在线社区新成员的数量，"回头客"的数量，在营销手段及归属感各不相同的项目中成员的参与度。

这些正在执行不同社交网络任务的例子只是社交网络环境中的极少数，但是这些例子已经涉及了各种指标。有一些指标在不同程度上依赖于其他指标。它们也有可能提供关于社交网络环境的不同信息，例如知识的总量或者知识中包含的内容，人际关系的结构，社交群体总体上的活跃度、健康度，或商业价值。

如果有大量的数据，那么度量指标和结果就很容易考量，但是这些数据要如何去获取呢？收集这些数据又需要通过怎样的流程和机制呢？这通常需要多种指标或指标组合来进行检验。那么这些指标是如何相互关联以及什么样的指标组合才是真正有效的呢？

另外，如果社交网络互动和人际关系产生了社交网络环境价值，那么要如何去确定这是否是社区或群组得出结果的好时机？这个过程不仅仅是收集数据，更在于掌握一种不同的动态；它需要察觉收集数据的正确时间。

第一步是识别不同类型的衡量指标。

衡量的范畴

社交网络软件衡量涉及不同层次中的不同事物。例如，作为企业社交网络中的一个个体，我会对网络及我与他人之间的人际关系类型感兴趣，我会去追踪我已经做出过贡献的项目，并且想知道是谁发现我的贡献有用。社区管理者会有兴趣去关注社区所有成员的结果汇总。管理所有这些社交网络生态系统团队会对社区的整体绩效以及比较各个社区各自是如何运作的有帮助。

这就引入了三个常见的衡量领域：个体成员以及内容项，我将它们比作"叶子"；所有成员或者一个特定的社交网络活动的参与者，即整棵"树"；在同一个生态系统或"森林"中的所有成员以及所有社交网络活动的参与者。

个体最感兴趣的是关于他们自身的衡量标准，即叶级衡量。其他用户可能对这类个人信息感兴趣，但是这将引发一个问题，即哪些信息属于隐私。许多社交网络软件用户正在习惯彼此分享这类个人信息：他们的社交网络规模，他们发布的内容被阅读的频率，或者其他人如何评价他们的内容。他们认为这是激励更多的人来与他们互动或者展示自身专业知识与影响的一种方法。

社区管理者也有可能对"叶级"感兴趣，尤其是在试图识别有影响力的人以及影响的程度与形式的时候。然而他们同样受制于成员的隐私规则，这取决于参与社交网络环境时商定的条款和条件。

树级和森林级衡量标准描述的是聚集行为，尽管这并不一定是指人的聚集。你们彼此的上方可能有许多级别的聚集，但是在这里我会将其简化。聚集的信息往往会清除个体成员的信息，从而使人们更容易访问或共享这些指标。

衡量的类型

有关社交网络环境内容的三种视角中的每一种都各自包含人们可能会感兴趣的不同种类的衡量指标。在有如此众多的指标可供选择的情况下（见表 10.1），我们就很容易困惑于在平常的交谈中应该选择哪一项来讨论。表 10.1 可以作为讨论衡量领域和类型的工具——即使这个清单并未穷尽每一个类别中所有可能的选择。

访问量指标是最常见的类型，其目的在于衡量网站的水平。在所有的三个层次，这些指标往往是相同的，不同的只是在每个层次内指标来源的多少。

表 10.1   每类社交网络环境领域中的衡量指标

	叶级（每个人或内容项）	树级（每个社交网络活动）	森林级（活动中的各个生态系统）
访问量（行为上的）	网站的月访问量，引入的网络领域，引入的地理位置，每月的独立访客，每月的重复访客，引用链接以及在网站上的平均时间。	网站的月访问量，引入的网络领域，引入的地理位置，每月的独立访客，每月的重复访客，以及在网站上的平均时间。	网站的月访问量，引入的网络领域，引入的地理位置，每月的独立访客，每月的重复访客，以及在网站上的平均时间。
结构（行为上的）	联系（单向或双向），网络规模，某人所属的社交网络活动，标签中的条目数量以及词频。	成员的数量，活跃成员和不活跃成员的比例，领导模式创建和实施时的角色。	社交网络活动的数量，以及每个社交网络实例中的活动。
任务（行为上的和态度上的）	某人参与过的社交网络任务，或他（她）创建过的内容。	参与任务成员的百分比，任务完成的百分比，已完成任务中的成功案例和成果，放弃的任务，以及内容的提交和发布。	高水平完成的社交网络活动，以及关于社交网络活动的成功案例。
承诺（行为上的和态度上的）	内容—质量排名，内容，内容在搜索引擎上的排名，好评度，建议推荐的次数，以及虚拟货币。	奖品及所获奖励，承诺参与活动的成员数量，以及虚拟货币交易活动。	被频繁重复使用的内容模型，活跃的社交网络活动，虚拟货币供给，以及该虚拟经济的运行情况。
项目（行为上的和态度上的）	参与的项目或活动。	项目或活动的参与度百分比，最活跃的参与者，以及每个项目的转换。	生态系统级项目或活动的参与度百分比，以及每个项目的转换。

续前表

	叶级（每个人或内容项）	树级（每个社交网络活动）	森林级（活动中的各个生态系统）
文化（态度上的）	某人创造或参与创造的文化产物。	认同社交网络活动的文化产物、故事、故事叙述者或参与形成文化产物历史的成员的百分比。	认同生态系统的产物、故事、参与形成文化产物历史的成员百分比，或者具有浓厚文化内涵的活动的数量。
交易（行为上的）	购买历史记录，节省时间的生产效率，以及面对客户的时间。	销售线索，产生的收益，高级客户，销售趋势，客户满意度，客户重复购买率，维护成本的节省，在节省时间内的员工生产力，员工的敬业度，以及员工通过省时对生产力提高的贡献。	销售线索，产生的收益，畅销活动，销售趋势，客户满意度，重购主顾率，高级客户，维护成本的节省，在节省时间内的员工生产力，员工的敬业度，以及员工通过省时对生产力提高的改善。

　　结构指标主要描述一个网络组织的结构和单元之间的连接关系。在社交网络分析科学中，这类指标显得特别有趣。通过分析社交网络结构，可以确定不同的信息关系：人际交往的途径或距离，关键的联络点或瓶颈，或是一个网络中的关键人物。

　　任务指标是与本书第 4 章"社交网络任务：合作理念"及第 5 章"社交网络任务：创建和管理信息"联系在一起的。这些指标通常取决于任务的类型，但是也存在一些广义上的树级和森林级指标，比如任务的参与程度，完成程度。除了这些分析方法外，成功或失败的任务也通过一个个故事和英雄人物的形式向社交网络系统贡献了文化的历史。

　　参与度指标在叶级与个人信誉相关，在树级以及森林级，则与有影响力的人以及领导者的活动如何被奖励相关。网络社交行为和交流的分析数据（如第 8 章 "鼓励社交网络成员参与活动" 所描述的），也属于这一类。数据也可以是定性的信息，比如成员们对社会愿景、文化和价值观的认知程度。

邀请成员参与特定的项目或提供的项目，可以在特定社交网络环境下引进参与度指标。这些指标与任务指标有几分相似，但不一定要求成员进行任务协作。相反，他们更倾向于让成员单独参与各项任务。类似的指标侧重于有多少成员参与到了提供的项目中，参与的程度，以及如何成功地达到预期。

文化指标描述了社交网络群组的文化意识，他们如何创造并认同各种文化产物，并将其渗透到整个群体中。当然，其他一些元素，例如任务、项目及结构关系等，也属于文化指标。比如故事中就包含了所有这些其他的指标。正如我们在本章后面将会看到的，文化指标对描述一个社交网络实例的生命发展周期也非常有用。

衡量标准和社交网络体验

表 10.1 描述了应该衡量什么类型的指标。这些指标在不同的社交网络体验模型中往往会各不相同。例如，你可以寻找同样类型的任务或者承诺指标，但是它们在不同的社交网络体验中可能意味着不同的事情。表 10.2 检验了不同指标在各种社交网络体验模型中的差异。

这些社交网络环境领域同样涉及如何去定义某个社交网络环境下的活动构成或多个活动集合的构成。这就区分了整体中的内容项和整体的多个层次。从指标体系的角度来说，社交网络环境领域识别了不同层次大致可比的元素。例如，在叶级或其他体验模型中，你可以将一个成员发表的文章与别的成员的文章作大致比较，但是你不能把一篇文章（叶）跟整个社区（树）作比较，或是拿单个社区（树）跟整个社区系统（森林）作比较。

表 10.2　　　　　　　　不同层次中每种社交网络体验的指标

	叶级（每个人或内容项）	树级（每个社交网络活动）	森林级（活动中的各个生态系统）
个人	每个人的个性化视角	选择——个性化视角的不同模板可以被视为不同的树	选择——如果有不同的模板，森林就是所有这些模板的集成
个体	个人空间中的内容	每个人的个人空间（例如一个人的博客）	所有个人空间的集合——例如企业内部所有博客的集合
社交网络	成员的个人网络及通过这些网络进行的相互交流	选择——几个人的社交网络集合成为一棵树	所有个人社交网络的集合
封闭式或可见式群组	群组中的个体成员或贡献的内容	各个群组	所有群组的集合
社区	社区中的个体成员或贡献的内容	各个社区	所有社区的集合
集体协作	成员贡献的每个内容项就是一片叶子，例如一个带标签的单独的链接	一组相关内容项，例如一组相同标签的链接资源	所有内容项的集合，例如一个大众分类中的所有标签

　　当人们看到一个健康的社区时会询问，为什么自己的整个系统不能与之完全一样，这是一个常见的问题。这个问题关系到规模大小和具体情况：并不是所有的在一个生态系统中的社区都可能拥有同样程度的参与、资源或支持。这也就是为什么你没法在一个生态系统中依据一两个成功的社区而判断整个系统是健康和成功的原因一样。

衡量机制和方法

　　社交网络系统的衡量包括行为上的及态度或想法上的这几方面。这些衡量可以是定量的或定性的，也可以是客观的或主观的。网络环境使这种测量变得更容易也更复杂。一些社交网络软件通过建立机制，来跟踪每个成员或社交网络活动的一部分结构化的行为数据。例如，LinkedIn 可以跟踪每个成员的关系数量和网络规模。你也可以使用其他工具，比如使用谷歌分析（Google Analytics）去收集网站流量数据。

同样，网上投票和调查工具在测量态度、认知和意见等定性信息方面也十分有用。让我们仔细看看定量测量和定性测量这两种方法，来了解它们是如何应用于前面指出的不同类型的指标的。

定量分析衡量机制

在线定量测量工具已经存在多年，并且已被成功应用于社交网站。正如前面提到的，谷歌分析是面向公众的、免费的在线工具。其他工具，如 Omniture 和 WebTrends 公司的产品，也可以应用于几个不同的领域，既有面向公众的，也有面向企业的。这些量化工具可以跟踪的范围很广，包含了表 10.1 中的大部分指标（除了文化指标和承诺指标以外，这两个指标基于属于定性指标）。

网站访问量及网站独立访客等流量指标，是分析指标中比较常见的。许多网站根据月均独立访客数量来公布他们的社区规模，而不考虑每个访客当月实际访问该网站的次数。

结构指标描述的是实体间的关系或联系，比如一个社交网络活动包含的成员数量，各个成员间的关系，或是一个成员能够达到的网络规模。在叶级，对于关系的解释既可以是一个成员与其他成员形成的人际关系数量，也可以是连接到一个文档的链接数。后一种也被应用在谷歌网页排名算法中，但也可以是映射到一个社交网络标签集中的词目数量（指某个标签被连接到资源的频率）。人际关系可以是双向的（成员双方都同意形成这种关系），也可以是单向的（许多人关注一个人的行动）。

任务可以被分解为几个步骤或是按照项目的成功完成情况进行衡量，这样就完成了定量分析——即使其输出信息是定性的。这种定量衡量是根据成员在某项任务中的参与度而言的。同样的，成员在一个社交网络活动或生态系统中参与任何种类的项目（比如推广、内容提交、成员约定、奖励、实施项目等）都可以建立定量分析机制。声誉或质量指标既可以进行客观衡量，例如通过数值评分系统，也可以进行主观衡量，比如通过推荐、证明、评论等方式。

通过调查和访谈的定性衡量方法

想要获得一个社交网络活动的定性信息，与其说是一门科学，倒不如说是一门辨明观点和态度的艺术。在正式的调查中，某些工具可能是有帮助的，同时它们也有利于从对话、访谈、焦点小组中收集所需的信息。这些技术在用户体验设计和用户测试中都有具体应用，特别是在产品测试中被广泛用到。SurveyMonkey 和 Vovici[①]提供的在线调查工具使创建、执行这些调查的过程便捷简单，且费用也比较合理。然而，了解如何使用这些工具只是一方面，了解在调查中应该向人们询问哪些问题，则是完全不同的另一个方面。

询问定性问题往往是发现的一个步骤，可以询问对当前选项的观点或是询问其他不可预见的替代选项。如果社区管理者或是主办者对用户的观点作出反馈，那么用户会觉得自己的意见是有用的。他们希望自己的意见是重要的，因此，一个调查必须将对用户完成调查后所得到的后续反馈向用户说明。

用户可能会因为他们正在上网而接收到一系列的调查和投票，但在研究个体社交网络活动时，这种接二连三的要求并不适用。Communispace 公司的卡特里娜·勒曼和马尼拉·奥斯汀建议[②]，在

---

① SurveyMonkey 是一种低成本的网络工具，提供创建、交付和管理在线调查。读者可以通过访问 www. surveymonkey. com/了解更多。另外，Vovici 也在官方网站 www. vovici. com/index. aspx 上提供相似的商业服务，读者可以通过访问该网址展开互联网或公司内部的调查活动。

② Katrina Lerman and Manila Austin, *Creating a Culture of Participation*, Brief Report, Communispace (2007). 读者可以通过 www. communispace, com/research/abstract/? Type＝All%20 About Communities&Id＝33 访问。

研究一个社区时，要在调查、访谈及焦点小组间建立平衡机制。

　　焦点小组、调查、访谈等为收集定性信息提供了不同的途径。难度在于在社区或群组中找出合适的代表。选择一个社交网络体验丰富的领导者也许可以提供更宽、更有深度的视角，但是这仅代表了一个活动中比较活跃的个体的观点，那些新成员或是不那么活跃的人的观点并未得到分享。访谈的目的是超越那些预设的问题（在一个调查中），跟随思维的逻辑、矛盾和闪光点，使访谈更深入。

　　调查的最后一步是从一系列的群组信息中汇总数据：观察群组成员一段时间内的贡献，搜集意见和主题并作分析。如果这项任务是作为社区管理者月度工作的一部分或定期的操作与分析，那么工作量就不会那么大。

　　分析定性的答案意味着在受访者之间寻找共同点，将这些共同点分类标签化，并且记录它们出现的频率。这有助于识别热点，同时也能够得出哪一个主题应该优先得到解决。如果声望地位是一个重要的影响因素，那么也可以根据受访者的声望地位来进行排序。

小　结

　　社交网络系统中的衡量包含了多个维度：个体对比社交网络活动和生态系统，定量衡量对比定性衡量，行为对比态度，同时，指标的收集出自各种不同的原因。衡量指标体系是指基于社交网络活动及体验模型中的具体事项去选择指标。需要关注任务完成度，成员参与度，与主办者的合作程度，或是建立更强的社交网络联系和文化。

　　种种衡量都是用来支持组织的战略和目标的。因此，社会计算系统的存在价值不仅仅是作为一个沟通交流的渠道，更是执行商业策略的重要组成部分。这就要求我们正确运用社交网络系统，使其更好地服务于总体战略。

第11章

社会计算的价值

社会计算是一类通用的方法，它将人际关系、独创性及分析应用于一系列商业问题中，这些问题是凭借之前的计算能力所无法解决的。这里提到的"计算"，指的是人们采用各种手段发现、思考、解释和交流想法的过程。上述过程并非一成不变，每个个体在解决问题时都体现出各自独特的经验、特长和个性。这种创造性的元素将社会计算与那些由软件代码及算法组成的数学与分析模型区分开来。然而，社会计算还需要一类能在网络环境中运作的软件辅助媒介，从而使人们能够开展跨距离范围的互动与交流。当人们在多个组织部门、公司工作，或是担任不同的职务时，社会计算特别有用。社会计算适用于许多不同的情况，比如可以用于单一企业，可以用于企业与客户之间的互动，可以用于股东与社会公众之间的直接交流，甚至还可以用于接触其他在线的客户。

社交网络信息之所以被赋予"社会的"性质，主要是因为信息可以被许多人获取、共享、传播或重新组合。有效的社会计算常常离不开参与其中的人们所作出的努力与贡献。在其他情况下，信息一般由来源于多个个体的信息聚合成为较大或者较为复杂的集合之后，再提供给他人。考虑到参与上述活动的人们之间形成的关系，以及相互之间的信任，这些信息也被称为社交网络信息。

良好的社会计算环境甚至还能帮助用户解决迫在眉睫的任务，以及发展长期的合作关系。它能开拓参与者的新思维和发展潜力，有时甚至还能通过人们之间的相互交流而创造各种新机会。许多

CEO 都将这种更深入、更广泛的合作水平视为业务创新的关键。此外，社会计算还能解决因工作场所日益分散或远程办公所带来的隔阂问题。

本书中提到的 50 多个例子，从不同角度强调了组织如何利用社会计算解决特殊的商业需求。这些例子描述了人们如何聚集在一起、领导他人、开展工作、制定和发展共同的目标与文化，以及承诺参与的过程。同时，例子中也指出了指导人们参与、发展重点及衡量具体活动所需要具备的条件。

与其他任何方法一样，特定的可重复技术可以应用于许多不同的情况。人们通常会按照确定的结构和步骤参与活动。不过，由于社交网络环境同样也是不断变化的，其往往会因参与者的态度、喜好以及个性的不同而不同。总体上说，社交网络环境很大程度上取决于社区的成熟程度。

社会计算技术的应用涉及人们自身特殊的领导风格、授权程度以及指导原则。与层级组织中由管理人员直接指导的传统团队不同，社会计算引入了"社区管理者"这一新概念，并采用不同的方法吸引成员参与完成任务。

定义社交网络环境结构

社会计算模式的实施离不开设计或创建社交网络环境的结构等初始步骤，这其中包括不断完善社交网络体验的选择、领导模式、社交网络任务、群组划分以及共建社交网络环境领域等。

选择社交网络体验

活动于任何在线社交网络环境中的人，都身处某类社交网络体验模型中。这些体验模型说明了人们是如何聚集在一起展开协作的。这不同于个人体验，比如在时装零售商 Coach 的在线商店购物时，客户与客户之间是完全孤立的，人们得不到其他客户对于商品的任何反馈。

　　每类社交网络体验都表示出社交网络环境是否与某一个体、特定群体或是共同话题有关。每类环境都是社会化的——人与人之间总是存在一定程度的交流——每类体验模型都定义了直接互动的方法，其中包括提供的输入内容、输出内容的去向、输出内容的形式以及一般情况下对体验拥有控制权的对象等。每类社交网络体验模型都能同时以不同的方式为社交网络环境主办者、社交网络成员及社交网络任务提交者等带来益处。

　　举个例子，全球最大的网上音乐库 last. fm 就运用集体协作体验，使每位用户都可以看到其他人推荐的音乐。同时，last. fm 还吸引音乐爱好者继续聆听，以作为回报用户的业务。Slideshare 也允许用户向他人分享自己的个人体验。此外，LinkedIn 还吸引用户将自己在工作上的联系人邀请到社交网络中，从而将更多人添加到整体系统中，帮助他人找到更多新的联系对象，由此提升社交网站的整体价值。

　　即时团队和虚拟团队都可以使用 IBM 的 Lotus Quickr 快速协作解决方案，以满足同一组织的个体间的相互交流。考虑到工作组具有一定的封闭性，该方案主要应用于单一的在线环境。与此形成对照的是，名为"音乐基因工程"的项目将许多专家聚集到一类常见的工作组中，并通过潘多拉在线电台向用户分享他们的成果。"SAP 开发者网络"则吸引了大批来自不同行业与地区的用户加入在线社区，并向其他人分享各自解决复杂问题的专业知识，同时也鼓励用户更多地使用 SAP 产品。

建立社交网络领导模式

　　社交网络环境的创建者可以选择特定的方法，并采用不同形式的社交网络领导模式来创建和指明内容。每类模式都描述了领导者相对于其他用户所具有的、分享体验的方法（或是从社交网络环境的参与成员中挑选领导者的方法），并确定由谁来决定社交网络环境的发展方向。

集权式是一类最基本的领导模式，在这种模式下，个人、团队或组织代表对社交网络环境拥有所有权。举个例子，Business-week. com 和 CNN. com 等网站的用户可以看到其他成员提交的意见和反馈，不过，具体的文章和内容一般是由网站的编辑团队决定的。大多数网络上的个人博客也与集权模式非常类似：如只有博主才能分享博客、决定博客内容和博客的总体走向。相比而言，诸如 Bo-ingBoing. net 等网站的博客能够被许多人共享，每一个个体都因为某些共同的兴趣或话题聚集在一起。这种委托模式将领导力分散于多个个体或群组，由这些人或组织实施管理活动。《科学美国人》杂志就运用类似的方法，由不同领域的专业科学技术人员解答各类科学问题。

一些更大规模的群组，比如 IEEE 计算机学会（IEEE Computer Society）选择代表式领导模式，在这类模式下，相关文章和专业兴趣小组的内容是由对应的领导者选择或决定的。这类模式与海星式领导模式中的自愿性或临时性领导截然不同，特别是在软件开发项目中较为常见，比如 Apache 基金会或匿名戒酒协会（Alcoholics A-nonymous）。还有一种极端的情况是蚁群式领导模式，在这类模式下，每个人都参与完全民主的决策程序，真正的领导力依赖于间接的影响或共同利益。

社交网络体验模型可以限制可供选择的领导模式。社交网络和个人体验中通常会运用集权式或委托式，在这类模式下，所有权和领导权主要由小部分群组成员掌握。封闭式群组和其他一些常见群组可以使用集权式、委托式、代表式或海星式领导模式来决定自身的发展方向与参与程度。在社区体验中有可能应用委托式领导模式，不过代表式或海星式领导模式则更为普遍。集体协作主要依赖于像海星式领导模式那样临时性的、自愿性的领导，或蚁群式那样的分散式民主过程。

定义社交网络任务

社交网络体验和领导模式都适用于针对社交网络群组设定的不同类型的任务。社交网络任务能够引导社交网络成员共同参与社交网络活动，展开相互之间的交流，并通过一步步协作获得最终成果。每类任务都能为部分社交网络成员、全体社交网络成员、社交网络任务提交者甚至其他社交网络群组的成员带来一定裨益。不同群组之间的聚合可以通过以下几种方法达成：将来自不同群组的独立成果聚合成为单一的集合价值体；将任务分配给每位社交网络成员，并由其独立自主完成；将群组之间的共识集聚在一起；就多种可能的想法展开讨论和辩论；借助针锋相对的竞争获得最佳想法。

本书第 4 章"社交网络任务：合作理念"及第 5 章"社交网络任务：创建和管理信息"为读者展示了 20 多个社交网络实例，这些实例描述了许多各不相同的社交网络任务。举个例子，IBM 公司的创新大讨论（InnovationJam）和 Dell 公司的头脑风暴（Ideastorm）都属于社交网络头脑风暴活动，这些活动鼓励社交网络成员积极贡献想法，就想法展开激烈讨论，并最终选出有助于企业后续发展的研究或产品的优秀想法。针对诸如电子产品零售商百思买的 TagTrade 系统的市场预测可以帮助社交网络成员为特定项目贡献想法，进而决定最终的市场价格。

德国著名的时装设计公司 BurdaStyle 允许人们选择和采用特定模板（众包模板），并自行设计新的剪裁款式，该方法吸引了许多客户展示自身设计，并拓宽了用户的选择范围，由此帮助公司售出更多的服装。亚马逊的 Web 服务，土耳其机器人允许任务提交者将任务分配给多位成员，从而借助分散式计算过程，找到问题的解决方案集合。另外，InnoCentive 为不同个体或团队提供了研究项目的投标平台，并对此收取一定的费用。开放源代码的软件开发则侧重于吸引和项目愿景有着共同利益的潜在工作人员，并以社交网络群组的形式协调工作人员的行动。

　　社交网络群组成员可以使用 BranchIt 软件和 IBM 公司的 Lotus Atlas 网络连接工具得到较广范围内成员之间的网络联系，并找出自己与他人之间的连接路径。人们还能使用诸如 Dopplr 和 Brightkite 等社交网络工具找到与自己所属同一群组、地理位置相近，或者属于同一社区、并与自身兴趣相似的群组成员。

　　PowerReviews，BazaarVoice，Amazon. com 等供应商允许用户搜索人们对产品的评价，同时与其他用户分享自己的观点。这种方式能很好地收集社交群体的想法和意见，由此帮助公司售出更多的产品。与"同所有客户共享信息"不同的是，其他一些社交网络任务旨在向用户所在的群组成员直接推荐相关内容或产品，比如人们可以使用 Flock 浏览器与同伴一同分享图片和网络链接。此外，Netflix 及 last. fm 等所使用的软件可以自动生成建议，并将这些建议与其他人分享。

　　除了建议之外，用户还可以与他人共享许多其他类别的社交网络任务，并与他人合作，一同解决问题。零售商亚马逊的在线商店允许用户创建意愿清单或产品集合，并将其与同伴和朋友一同分享。维基百科和谷歌百科为不同群组成员分配任务，允许成员创建或编辑各类不同主题的内容，而人力搜索引擎 Mahalo 则运用这种群组知识，为用户提供答案。另外，搜索引擎 Zoominfo 将多种来源的内容聚合在一起，提供关于个体的信息，并通过社交网络将人们联系起来。

　　用户可以使用 del. icio. us，Reddit，Stumbleupon 及 Dogear 等网站的社交网络书签或标签将信息标注并进行分类，从而从整体角度出发，确定信息之间的联系。同样的，MarketWatch. com 等网站为用户提供社交网络活动信息，这些信息主要来自每日新闻中拥有最广泛读者或评论的文章，从而为人们带去最令其感兴趣的内容。另外，用户可以使用雅虎问答向其他社交网络成员提问、筛选问题的解决方案以及浏览其他用户提出的问题和对应解决方案。

社交网络体验分组及用户类别确认

许多组织发现，将旨在解决不同社交网络任务的各类社交网络环境聚合到一起具有一定价值。举个例子，博客系统 Wordpress 为许多个体和群组提供了完整的博客平台，本质上人们使用的是同一款软件系统，但却都能达到各自不同的目标。另外，GoingOn 整合了多款社交网络软件工具，并向学校及其他教育机构推出一揽子解决方案，同时也推出能支持在线环境下使用的会议直播工具。上述这些工具的结合能将许多人汇集到一起（比如博客系统），或是允许具有相同目标的社交网络成员就不同的社交网络任务展开交流。

确定用户来自哪个社交网络领域有助于将社交网络成员归类，或是在社交网络环境中引入各类完全不同的文化。英特尔、通用电气及美国空军都为自己的员工提供在线社交网络环境，让他们能够在公司背景下展开私人化交流。威瑞森无线（Verizon Wireless）和 SAP 开发者网络公共社区为用户提供了一个提出并解决技术难题的平台（这些难题往往有着共同之处）。从本质上说，这种方式为用户提供了一类新的产品支持渠道。众所周知，通用汽车公司和安永会计师事务所是公共社交网站中著名的第三方组织，目的是接触那些早已加入网站的用户或感兴趣的团体，并吸引他们购买企业的产品或成为企业成员。另外，各类机构都可以使用 IBM 的 LotusLive 社会计算服务举行员工和客户间的私密会议和会话，比如销售电话、经营陈述以及较复杂的会话支持等。

对于来自不同社交网络领域的成员，应运用不同的社交网络环境管理规则予以差别对待。一个全部由雇员组成的社交网络环境的管理规则，与由客户和雇员组成的社交网络环境的管理规则是不同的。类似的，来自不同领域的社交网络成员，其秉承的文化不同于其他领域的个体，在这类混合环境下，就社交网络行为和规范达成一致非常必要。

文化因素对社交网络环境的影响

一般来说，来自不同团队、组织机构、公司或担任不同职务的个体，在社交网络环境中与他人合作或领导他人时，工作方式方面的文化差异是很重要的一类影响因素。因此，理解不同社交网络群组之间的文化差异能显著提升工作效率。

文化其实应该这样理解，其存在于社交网络环境本身中，而非社交网络成员所属的地域。尽管不同的文化会给人们的工作方式带来一定的影响，但每个社交网络群组都可以发展属于自身的独特文化。这在在线环境之外也是存在的：比如说即使身为美国公民，你依然有权利支持或反对哈利-戴维森支持者们的摩托车文化。

独特的文化产物能够通过社交网络成员间的相互交流显现出来。与他人共享视听资源——比如工艺品、服装款式以及与哈利-戴维森的摩托车文化密切相关的音乐等——有助于社交网络成员之间相互识别，并就各自的兴趣爱好和产品偏好展开交流。在短信中全部使用大写字母是另一类文化要素，人们大多非常厌恶在电子邮件往来或在线交流时使用该方式。另外，讲故事为社交网络成员提供了文化共享的方式，人们可以使用这种方式认清自身的价值观，以及向他人描述自己认为可接受或是无法接受的行为。

对于即将成为文化组成部分的产物，社交网络群组的领导者和成员都必须对其进行转化和验证。文化产物的发展程度和人们对产物的接受程度可显示社交网络成员之间协作的紧密程度。

对社交网络环境的包括所有社交网络成员支持环境文化、接受社会愿景或目标，以及积极参与社交网络群组的活动等。根据不同的承诺水平评估社交网络环境是可行之计，其覆盖范围包括从努力习惯于在在线环境中与他人合作的社交网络成员，到自愿无私指导和领导社交网络群组的高级成员（见第 8 章"鼓励社交网络成员参与活动"之图 8.1）。

社交网络活动的价值不一定取决于成员的参与程度。许多社交网络成员不参与活动，仅仅是因为身边的人叫他们这么做他们才这么做，所以，有必要借助社交网络成员和社区管理者的核心领导力来鼓励和发展其他成员。

社区管理者的职责重在领导社交网络成员积极参与实现社交网络环境目标的活动，并调动应用任何类型的社交网络体验。即使没有正式头衔，这些任务通常也由社交网络环境的领导者承担。社区管理者可以通过采用成员奖励、推广认同感、指导新成员等各类计划，以不同程度地鼓励社交网络成员积极参与社交网络活动。

社区管理者的核心价值在于，他们是社交网络成员与社交网络任务提交者之间关系的倡导者，同时也是中介者。通过为人们提供指导、组织社交网络活动并统一个体的动机，他们为提高工作效率做出了许多贡献。同时，社区管理者还能帮助建立社交网络环境下的各类活动与商业活动，及加强与主办者组织的战略之间的联系。

社会计算与商业战略

将社会计算运用于商业领域时，需要众多人的思考、评审与决策。只要在合适的背景下运用，并且给予一定程度的支持，社交网络任务就能发挥作用。不过，要是考虑到企业相关责任部门的业务流程与科层结构，社交网络任务的运行背景就更为复杂了。

在市场营销与社交媒体活动领域，以下这些方法的应用正变得越来越普遍：与他人交流思想、传播信息、收集并与他人分享观点。从 Slideshare 在线幻灯片分享社区、博客、BoingBoing.net，以及安永会计师事务所和通用汽车公司与客户的交流互动等社交网络实例可以看出，上述方法的效果是十分明显的。社交网络任务通常能为企业销售带来益处，比如 Amazon.com、BurdaStyle、Netflix、last.fm 和在线电台潘多拉等企业的例子就是很好的证明。这些企业运用社交网络任务为客户提供建议，并向客户介绍他们可能感兴趣的产品与销售信息，从而增加企业回报和产品销量。Verizon Wire-less 和 SAP 开发者网络还引入了新方法，结合来自企业员工与其他客户等许多人的观点，为客户提供支持。社会计算通过头脑风暴、创意与目标选择或者将整个项目外包等方式为研究和开发活动提供支持，比如 IBM 公司的创新大讨论、InnoCentive 的众包策略以及Apache 基金会的开放源代码软件开发活动等。

社会计算能促进实施新的商业策略，有助于企业采用新方法，并利用许多人的共同努力解决问题，为企业成功做出贡献。了解这些方法的动力机制既是一门科学，也是一门艺术。社会计算并非仅仅是由软件技术的运用而推动的一种模式，企业也可以在这个背景中通过转变自身与周围组织或个人的合作方式，谋求在全球合作不断密切的商业环境下增加战略收益。这种相互合作的关系将很可能成为一类新兴市场，并带来新的机遇和竞争。另外，那些从小在社交网络和互联网环境中长大的新生代员工也将在社会计算领域施展自身的技能。

今后，在在线社交网络环境下工作的技能很可能会在所有工作中都变得越来越普遍。如今，已经有许多企业将社会计算纳入自身的战略，从而为推动企业员工、合作伙伴、客户、公众以及所有与企业有联系的人们等对象之间的合作与工作带来特别的优势。

图书在版编目（CIP）数据

　　互联网思维：新商业模式与运营革命的行动指南/（美）沙著；钱峰译.
—北京：中国人民大学出版社，2014.6
　　ISBN 978-7-300-19520-9

　　Ⅰ. ①互… Ⅱ. ①沙…②钱… Ⅲ. ①电子商务—基本知识 Ⅳ. ①F713.36

　　中国版本图书馆 CIP 数据核字（2014）第 130821 号

互联网思维

新商业模式与运营革命的行动指南

（美）罗恩·沙著

钱峰　译

Hulianwang Siwei

出版发行	中国人民大学出版社			
社　　址	北京中关村大街 31 号		**邮政编码**	100080
电　　话	010 - 62511242（总编室）		010 - 62511770（质管部）	
	010 - 82501766（邮购部）		010 - 62514148（门市部）	
	010 - 62515195（发行公司）		010 - 62515275（盗版举报）	
网　　址	http://www.crup.com.cn			
	http://www.ttrnet.com（人大教研网）			
经　　销	新华书店			
印　　刷	北京中印联印务有限公司			
规　　格	165 mm×240 mm　16 开本		**版　　次**	2014 年 7 月第 1 版
印　　张	10.5		**印　　次**	2014 年 7 月第 1 次印刷
字　　数	128 000		**定　　价**	35.00 元